아메바 경영

"모든 직원이 경영자가 되는 미래,
성공하는 조직은 함께 성장하는 직원에게서 나온다!"

반세기 동안 증명해낸 최적의 경영 비법

아메바 경영

이나모리 가즈오

양준호 옮김

한국경제신문

———

합리성과 비합리성의 조합,
아메바 경영

저성장 국면에 빠진 지금, 전 세계인의 주목을 받는 인물이 있다. 그의 별칭은 '살아 있는 경영의 신', 바로 이나모리 가즈오 교세라 명예회장이다. 세라믹 관련 전자부품 제조회사 교세라를 동종 업계 세계 챔피언으로 올려놓은 그는 이동통신 사업 부문에서도 KDDI를 창업해 일본 최고의 기업으로 만들어놓았다. 그의 성공 신화는 여기서 그치지 않는다. 그는 일본 정부의 요청을 받고 2010년엔 파산 직전까지 갔던 일본의 국민기업 일본항공JAL을 고수익 기업으로 탈바꿈시킨, 기업 경영에 있어 전무후무한 기적을 일으킨 장본인이다. 그렇다. 이런 업적만으로 그는 '경영의 신'으로 평가되고도 남는다. 이는 학생들조차 나라의 가장 훌륭한 지도자로 이나모리 가즈오를 손꼽는 일본은 말할 필요도 없고, 미국과 유럽의 기업 경영자들도 인정하는 불변의 사실이다.

아메바 경영에 대한 한국적 '동굴의 우상'

'잃어버린 20년'으로 불리는 일본의 장기 불황 하에서도 압도적인 경영 성과를 꾸준히 보이고 있는 교세라의 독특한 경영 방식은 2005년 4월 당시 삼성경제연구소에 재직하고 있던 본 역자에 의해 한국에 최초로 소개되었다. 이를 계기로 그의 경영론을 배우고자 하는 공부 붐이 급속히 일어나기 시작했다. 단 우리나라의 경우 이나모리 가즈오가 창안한 아메바 경영, 즉 독자적 관리회계 방식에 초점을 맞춘 나머지 그 경영 기법의 매우 중요한 토대로 작용하는 그의 '경영철학'에 대한 관심과 학습은 배제되어왔다. 바꿔 말하면, 우리나라에서는 '경영의 신' 이나모리 가즈오의 경영론을 관리회계의 측면으로서만 해석하면서, 매출, 생산량, 생산성과 같은 수량적 지표만을 높이기 위한 방법론으로서 아메바 경영을 이해해왔다. 그러나 이는 이나모리 가즈오 경영 방식에 대한 지극히 왜곡된 해석이자 편견이다.

그의 아메바 경영에 있어서 무엇보다 중요한 것은, 강도 높은 부문별 독립채산제를 지속 가능한 형태로 영위할 수 있게 해주는, 바로 회사 내부의 경영철학이다. 회사의 모든 정보를 전 임직원들이 함께 공유하는 것, 조직을 직장이 아닌 가족으로 여기는 독특한 조직 철학, 경영자의 경제적 이해관계나 입신양명보다 직원들이 누리는 물심양면의 행복을 회사의 목표로 설정하는 '이타심 경영' 등, 사실 세계적으로 너무 잘 알려져 있는 아메바 경영 그 이면에서는 이와 같은 경영철학적 기반이 매우 중요한 설명 변수로 자리 잡고 있다. 이나모리 가즈오 자신도 소조직별 독립채산제로 볼 수 있는 아메바 경영이 지속 가능한 형태로 영위되기 위해서는 그 기반으로 작용하는 경영철학, 바꿔 말해 '비합리성'의 영역에 속하는 요소들을 더 중시해야 한다는 것을 강조하고 있다. 이는 주로 수치 또는 노하우와 같은 '합리성'의 영역에 속하는 요소들을 중시해온 기존의 기업 경영 방식과는 확연히 선을 긋는 부분이다. 따라서 본 역자는 이와 같은 이나모리 가즈오의 아메바 경영에 대한 한국적 편향성 또는 '동굴의 우상'을 타파하는 것을 목적으로, 또 그의 아메바 경영에 대한 입장을 더욱 충실히 소개하고자 하는 것을 목적으로, 이번 번역 작업에 임했음을 먼저 분명히 밝혀두고자 한다.

'비합리성'을 중시하는 이나모리즘

그렇다면 '경영의 신'으로 평가 받고 있는 이나모리 가즈오의 철학에 근거한 기업 경영은 어떤 것인지 구체적으로 살펴보자. 이는 그저 《아메바 경영》을 번역하며 느낀 소회에 따른 것만이 아니라, 지난 20년에 걸친 본 역자의 이나모리 가즈오 연구와 그의 저서들에 대한 '특화 번역' 작업을 통한 나름의 이해에 기초한 것임을 강조하고 싶다.

사실 이나모리 가즈오의 저서들을 잘 살펴보면, 그의

'경영 노하우' 뿐 아니라 흔히 일본에서 '이나모리론論'으로 불리는 그의 경영철학에 관한 내용들이 더 많다. 또 최근에 들어와서는 후자의 비중이 전자에 비해 압도적으로 크다. 이는 이나모리 자신이 강조하듯 기업 경영에는 경영 기법과 같은 '합리적인' 노하우보다는 '비합리적인' 것으로 간주되어 쉽게 간과해버리는 경영철학이야말로 더 중요하다는 것을 반증하는 것이다. 또한 동시에 독자들 역시 전자보다도 후자에 초점을 맞춰 이나모리를 이해하고자 하는 지적 동향을 보이고 있음을 의미한다. 최근 들어 더욱 심화되고 있는 글로벌 차원의 저성장 국면을 거치면서 매출, 수익, 생산성 등을 나타내는 '수치'를 중시하던 기존 기업 경영이 점차 사라지고 '경영=사람'이라는 항등식을 염두에 두면서 기업 내부를 구성하는 사람들의 인성, 도덕, 철학과 같은 속인적 특성을 전략적 매개로 인식하는 기업 경영이 대두되고 있다.

실제로 이나모리 가즈오를 직접 만나면, '경영의 신', '파산 직전의 JAL을 살린 구세주' 등과 같은 그를 칭송하는 별명과 평가가 무색할 정도로, 그 어떤 사람에게서도 느낄 수 없는 겸손함을 느낄 수 있다. 그에게선 조금의 오만함과 권위적인 모습을 찾아볼 수 없다. 그의 저서 및 인터뷰 등을 통해 판단컨대, 이는 아마도 그가 독서와 불교 신앙을 통해 깨우친 이른바 '인간의 연약함'을 기업 경영 활동뿐 아니라 일상에서도 매우 절실히 인식하고 또 끊임없이 의식하고 있기 때문인 것으로 보인다.

그는 기업 경영자이면서도 평생 인간과 종교에 대한 방대한 양의 독서와 깊은 고민을 해온 것으로 알려져 있는데, 이러한 그의 지적 성찰과 '인간의 연약함'에 대한 자세는 무관하지 않다. 그의 정신적 기반으로 작용해온 불교뿐 아니라 기독교 역시 인간은 본질적으로 연약한 존재임을 강조하고 있고, 또 특정 문화권을 형성해온 전통적 종교의 윤리체계 역시 인간이 폭주하지 않도록 하기 위한 가르침에 초점을 맞추고 있기 때문이다. 이나모리 가즈오 특유의 겸손함과 덕성은 그가 남들이 다 부러워하는 '최고의 성공'을 거두고도 또 80세가 넘은 지금 이 순간에도 끊임없이 자신의 번뇌와 싸우고 있는 것에서 기인하는 것으로 보인다.

이처럼 그는 인간 본연의 '연약함'에 주목해왔기 때문

에, 회사 경영을 함에 있어서도 기업 조직 내부에서 발휘되는 경영자의 능력 부분을 상대화하고 오히려 임직원 간 협력, 협동, 호혜를 강조해왔다. 또 그 특유의 '대가족주의'와 '전원 참가형 경영'을 전면에 내세워 생물학적 가족공동체와 같은 기업 조직을 구축하는데 심혈을 기울여왔다. 더 중요한 것은, 바로 이와 같은 그의 '인간에 대한 철학'이 존재했기 때문에 혹독할 정도로 강도가 높은 소조직별 독립채산제 시스템에 임직원 모두가 열정적으로 참여할 수 있었다는 점이다. 결국 아메바 경영으로 불리는 관리회계 기법이 자동차라고 한다면, 인간에 대한 성찰, 즉 그의 경영철학은 자동차를 제대로 움직이게 하는 엔진에 비유될 수 있다. 많은 사람들이 그를 '사상가적 경영자'로 평가하는 것 역시 바로 이 때문인 것이다.

그런데 이나모리 가즈오는 사상과 철학을 중시하는 사람이기 이전에 실리와 합리를 추구하는 기업 경영자였다. 경영학 교과서나 성공한 기업의 여러 사례들을 보면, 경영자는 이나모리처럼 철학과 실리를 동시에 갖추지 않으면 안 된다는 것을 보여준다. 그러나 '사상가적 경영자' 이나모리 가즈오는 말할 필요도 없고 또 그가 가장 존경했던 '일본적 경영'의 창시자인 마쓰시타 고노스케 (마쓰시타전기산업 창업자) 역시 창업 당시부터 남들과 다른 고매한 경영철학을 갖추고 있었던 것은 아니다. 역사를 살펴보면, 그들은 회사 경영이 정상 궤도에 오를 때까지는 지극히 실리적으로 또 합리적으로 생각하고 고민했다. 그러나 그들은 그와 같은 실리적이고 합리적인 사고를 관철해나가는 과정에서 다양한 형태의 시행착오를 겪으며 '기업 경영은 합리적이어선 안 된다'라는 점에 깊은 관심을 갖게 되었다. 즉 기업이 지속적으로 발전하기 위해서는 회계, 재무 등과 관련된 '수치'에 대한 과학적 사고도 필요하지만 이보다 더 중요한 것은 인간, 조직, 사회에 대한 '철학적' 사고이며, 또 이와 같은 철학이 갖춰져야만 수치 역시 개선될 수 있다는 것에 경영의 초점을 맞추게 되었다.

결과론적으로 보면, 이나모리 가즈오에게는 먼저 '합리성'이 있었기 때문에 '비합리성'의 중요성을 절감할 수 있게 되었고, 또 이를 통한 상승효과를 발휘할 수 있었던 것으로 평가할 수 있다. 그렇다 하더라도, 세계적으로 잘 알려져 있고 수많은 기업들이 벤치마킹하고 있는 그의 관리회계 기법으로서의 아메바 경영은 그것을 탄탄히 받쳐온 '비합리성'을 중시하는 경영으로 인해 비로소 제대로 작동할 수 있었다는 점을 간과해서는 안 된다.

아메바 경영과 전원 참가형 경영 방식

이나모리 가즈오의 실리적이고 합리적인 경영 방침을 집약적으로 보여주는 것이 바로 아메바 경영으로 불리는 독특한 경영관리 기법이다. 앞에서 언급했던 내용과 같은 맥락으로 풀어 얘기하자면, 이 기법은 회사 경영에 대한 그의 '수치' 차원의 대응으로 볼 수 있다. 아메바 경영은 한마디로 기업을 작은 조직으로 세분화해 소집단 부문별로 독립채산제를 영위하도록 하는 전원 참가형의 분권적 경영 시스템이다. 여기서 중요한 것은 바로 '분권적'이라는 형용사다. 즉 기업 내부의 자원 배분과 관련한 모든 결정권은 경영자에게 집중되어 있으면서 강도 높은 관리회계 시스템만 소집단 부문별로 떠미는 것이 아니라는 점이다. 아메바 경영은 철저한 독립채산제와 함께 회사 내부의 인사, 정보, 자금, 기술과 같은 모든 자원의 배분에 관한 결정권을 '아메바'로 불리는 소집단에게 전적으로 위임하는 경영 시스템인 것이다. 이와 같은 철저한 '분권'에 의해 담보되는 자율성 또는 자주성이 매우 중요한 인센티브로 작용하면서 강도 높은 독립채산제에 임직원 모두가 열정적으로 임하게 되는 것이다. 이는 기업 경영에 관한 모든 권력을 창업자 또는 경영자가 독점하는 지배구조 하에서는 아메바 경영이 결코 작동될 수 없음을 의미한다.

기술별, 공정별, 제품별, 영업지역별 등과 같은 일정한 기준에 따라 기업 조직을 5~7명 정도의 멤버로 구성되는 자율적 소집단 '아메바'로 세분화해 각 소집단별로 철저한 독립채산이 성립되는 체제를 구축한다. 그럼으로써 모든 소집단의 효율성 또는 생산성을 한눈에 파악함과 동시에 경영 책임을 명확하게 분담하고 또 세세한 부분에서도 투명성을 확보할 수 있도록 하는 것이 바로 아메바 경영이다. 각 아메바가 서로 협력하고 경쟁하는 시스템이 지속적으로 작동됨으로써, 마치 창업자 또는 경영자와 같은 수준의 주인의식을 가진 리더가 육성되고 또 이들은 끊임없이 자신이 속한 아메바의 매출 증대, 비용 감소, 생산성 증대를 위해 노력에 노력을 다하게 된다. 동시에 기업을 둘러싼 경영 환경 변화에 대해 신속하게 대응할 수 있는 조직 체제를 구축하기 위해 아메바는 필요에 따라 분열되기도 하고, 새롭게 생성되기도 하며, 또 소멸되기도 한다. 이와 같은 소조직들의 형태 변화가 자신을 둘러싼 환경 변화에 따라 세포분열을 반복하며 증식하는 아메바와 유사하다는 점에서 이나모리 가즈오는 '아메바' 경영이라는 명칭을 붙이게 되었던 것이다.

이와 같은 경영관리 기법을 기술적 측면에서 뒷받침해주고 있는 것이 바로 '교세라 회계학'으로 불리는 회계관리 매뉴얼이다. 이나모리 가즈오는 공대를 나온 엔지니어 출신임에도 불구하고 기업 경영에 있어서의 회계가 갖는 중요성을 다음과 같이 강조하고 있다.

"회계란 기업 경영에 있어서 목표에 도달하기 위한 '나침반' 역할을 하는 것으로, 기업을 경영해나가는 데 없어선 안 되는 매우 중요한 관리 작업이다. 그리고 회계상의 문제라 하더라도, 늘 그 본질로까지 거슬러 올라가

'인간 윤리의 관점에서 무엇이 옳은 것인가' 하는 물음을 기준으로 정확하게 판단하는 것이 중요하다. 또 진실 그 자체를 있는 그대로 표현하고 나타내는 것이 회계가 지향해야 할 본질적 자세이며, 또 공명정대하고 투명성이 높은 회계 관리를 위해 모든 소조직들의 회계 상황들이 철저하게 공개되는 것이 중요하다. '교세라 회계학'은 회사 실태와 회사가 나아가야 할 방향을 정확하게 파악하기 위한 실천적인 회계원칙으로 작용하고 있다."

아메바 경영이 지향하는 부문별 채산제도 하에서는 '시간당 채산(시간당 부가가치)●'으로 불리는 공통 지표로 각 아메바 실적이 서로 비교된다. 제조 부문은 '(총생산−경비)/총시간'으로, 또 영업 부문은 '(총수익−경비)/총시간'으로 '시간당 채산'을 산출한다. 여기서의 '총시간'이란, 각 아메바 멤버의 총 노동시간에 관련 업무를 맡고 있는 공통 부문의 인원이 소요한 노동시간을 더한 수치

● '시간당 채산'과 '시간당 부가가치'는 동일한 개념이며, 교세라 내부에서는 '시간당'이라 줄여 부른다. 이후 본문에서는 '시간당 채산'과 '시간당 부가가치'를 혼용하여 표기하였다. − 옮긴이

다. 결국 각 아메바가 산출하는 '시간당 채산'은 총생산과 총수익을 최대화하고 경비와 총시간을 최소화하는 것을 목적으로 설정하게 하는 경쟁적 공통 지표다.

　그런데 이와 같은 아메바 경영이 제대로 작동될 수 있도록 하는 토대가 바로 '교세라 철학'임을 간과해선 안 된다. 이를 앞에서 언급한 내용과 같은 맥락에서 설명하자면, 아메바 경영이라는 실리적이고 합리적인 경영 기법이 제대로 작동할 수 있게 하는 것은 다름 아닌 이 기법의 근본적 동력으로 작용하는 철학 또는 사상이라는 것이다. 여기서 말하는 '교세라 철학'은 '인간 윤리의 기준에서 무엇이 옳은 것인가'라는 물음에 대한 해답으로 표현할 수 있다. 즉 '교세라 철학'은 각 아메바의 리더와 멤버는 무엇을 가장 중요한 행동 원리로 삼아야 하는지, 또 각 아메바 간 가격 교섭 등에 있어서 이해관계의 대립 등과 같은 문제가 발생했을 때 어떻게 대응해야 하는지 하는 물음에 대한 도덕적, 윤리적, 인본주의적, 이타주의적 해답을 제시하기 위해 세워진 것이다. 이처럼 교세라 내부에서는 임직원이 반드시 지키고 수행해야 할 기본적인 철학과 사상이 기업 내부에 강력한 기제로 작동하고 있는데, 그렇기 때문에 아메바 경영으로 불리는 관리회계 시스템이 자기 해체적인 부작용 하나 없이 순조롭게 운영될 수 있을 뿐만 아니라 실리적 측면과 함께 철학적 측면에서도 탁월한 경영자 감각을 가진 인재 육성이 가능해지는 것이다.

따라서 아메바 경영은 매출 증대, 경비 절감, 생산성 증대와 같은 수량적 지표를 넘어 인재 육성을 보다 궁극적인 목표로 설정해 세분화된 여러 조직들과 최고경영자의 경영철학이 관리회계 기법을 매개로 상호보완적으로 영향을 주고받을 수 있게 하는 독특한 비즈니스 시스템인 것이다. 이와 같이 아메바 경영은 경영이념, 경영사상, 그리고 경영철학과 같은 이른바 '비합리성'의 영역에 속하는 것들을 회계 수치를 중시하는 '합리성'의 영역 즉 관리회계 시스템과 철저하게 연관 짓는다. 이러한 문제의식은 서구의 관리회계 시스템에서는 찾아볼 수 없다. 이 때문에, 우리나라 기업과 경영자들이 그간 아메바 경영을 이해하고 도입할 때 각 소조직별 독립채산제에 어떤 철학적, 사상적, 윤리적, 도덕적 규범들이 동반되어야 하는지 하는, 이른바 이나모리 가즈오 본연의 문제의식을 전혀 의식하지 못했던 것이다. 즉 우리나라 기업의 경우 독립채산제를 위한 기법에만 관심을 갖고 이를 작동시키는 철학적 부분은 간과해버리는, 이른바 '반쪽짜리 아메바 경영'에 머물고 있었다고 해도 과언이 아니다.

최근의 기업, 경영학계, 언론은 이나모리 가즈오가 교세라, KDDI, JAL의 경영을 통해 보인 기적적 성과를 계기로 그의 아메바 경영을 맹목적으로 칭송하는 논문과 글들을 발표했다. 이 때문에 '아메바 경영을 도입하기만 하면 회사 실적은 반드시 좋아진다'라는, 이른바 '아메바 경영 만능론'이 일본, 중국, 미국, 한국 등지에서 팽배해진 것도 부정할 수 없다. 그러나 기업 내부의 여러 제도적, 문화적, 심리적 요인에 대한 분석을 중시하는 제도주의적 정치경제학 또는 경영학의 최근 연구들을 보면, '아무리 탁월한 비즈니스 시스템을 도입한다 하더라도 그것이 반드시 성공한다는 보장은 없다'라는 결론을 내리고 있는 것이 일반적이다. 최고경영자의 리더십, 조직 풍토, 회사 내부 구성원들의 윤리적, 도덕적 인식의 수준, 교육훈련 제도, 신구 시스템 간의 조화 등과 같은 매우 다양한 인자들과 또 이들 간의 정합성이 어느 정도 수준으로 유지되느냐에 따라 새롭게 적용하려는 비즈니스 시스템의 장점과 경쟁력의 발휘 여부와 그 정도가 결정된다. 바꿔 말해, 자사의 경영이념 또는 경영철학과 서로 잘 맞아떨어지는 비즈니스 시스템이 가동될 때 비로소, 그 비즈니스 시스템의 효과도 크게 나타나게 되며 결국 기업은 순조롭게 성장할 수 있게 되는 것이다. 그렇다면 한 회사가 아메바 경영을 어떻게든 학습하고 또 도입하고자 할 경우, 과연 어떤 경영이념 또는 경영철학이 아메바 경영과 정합적인지를 고민하고 또 이해하는 것은 매우 중요하다. 《아메바 경영》을 번역하는 과정에서 본 역자가 시종일관 초점을 맞췄던 것도 바로 이 부분이며, 또 독자 역시 이 부분을 적극적으로 인식하며 아메바 경영을 접하지 않으면 안 된다.

카리스마 넘치는 경영자로 잘 알려져 있는 이나모리 가즈오가 강력한 리더십을 토대로 하는 톱다운 경영이 아니라 '분권적, 수평적인 전원 참가형 경영'을 강조하고 또 이를 관철해온 것은 얼핏 모순으로 보일 수도 있다. 그러나 사실 이는 아메바 경영에 정합적인 조직 체제 구축을 위한 그의 진지하고 치열한 고민과 실천의 귀결로 해석하는 것이 맞다.

합리성만으로 기업 경영을 생각하는 것 자체가 합리적이지 않다

본 역자는 지금껏 이나모리 가즈오의 아메바 경영을 '합리성과 비합리성의 조합'으로 평가해왔다. 실제로 이나모리 역시 "합리성만으로 기업 경영을 생각하는 것 자체가 합리적이지 않다"고 강조한 바 있다. 이와 같은 그의 역설적인 경영론 이면에는 교세라 창업 직후 일어난 심각한 노동쟁의로부터 그가 얻은 교훈과 '인간의 연약함'에 대한 깨달음이 매우 중요한 배경으로 작용했다.

이나모리 가즈오는 자신의 파인세라믹스 기술을 세상에 선보이겠다는 자기 개인의 목표 실현을 위해 교세라를 창업했고, 또 창업 직후에는 관련 연구 개발에 몰두했다. 그런데 자신이 고용한 직원들은 그의 목표와 생각들을 제대로 이해하지 못했고 또 그의 기대에도 전혀 부응하지 못했다고 한다. 이를 통해 그는 경영자로서의 고독을 맛보게 되었는데, 이것이 계기가 되어 직원들이 무엇을 위해 일해야 하는지를 자각할 수 있도록 하는 것과 경영자 개인의 입신양명이 아닌 '직원들의 행복을 물심양면으로 추구하는 것'이 회사의 목표임을 직원들에게 분명히 인식시키는 것을 교세라 경영의 목표로 설정하게 되었다. 이러한 맥락에서, 그는 '사회공헌 경영', '이타심 경영', '직원 행복 제일주의', '대가족주의'와 같은 '교세라 철학'으로 결실을 맺게 되는 그의 경영이념을 교세라의 비즈니스 시스템에 철저히 녹여 넣고자 노력했고, 그러한 노력의 귀결이 바로 아메바 경영인 것이다.

'경영은 시스템이다', '경영은 사람이다', '경영은 이념이다' 등의 지론을 주창하는 경영자는 많다. 그중에서도 이나모리 가즈오의 지론은 전 세계적인 지지를 얻고 있다. 이 때문에, 그의 경영철학을 이른바 '이나모리교'로 간주하며, 그의 지지자들은 이나모리를 교주로 여기는 맹신도라며 비꼬는 논자들도 있다. 이들의 생각을 고려하면 이나모리는 인간, 이타심, 투혼, 정의, 도덕 등을 강조하는 등, 분명 경영에 관한 '비합리성'의 영역을 지나치게 중시하는 것으로 보일 수도 있다. 그러나 앞에서도 언급했듯이, 그는 사상가이기 이전에 경영에 관한 합리성을 중시하는 지극히 실용주의적인 경영자다. 이나모리 가즈오가 과거 파산 직전까지 갔던 일본항공뿐 아니라 미타三비공업과 같은 많은 일본 기업들을 회생시켰을 당시의 역사를 보면, 그의 경영 개혁만큼이나 실리적이고 합리적인 것도 없음을 쉽게 알 수 있다.

'비합리성'의 영역과 '합리성'의 영역 모두를 깊이 이해하고 양자 간의 균형을 유지하는 데 초점을 맞추는 이나모리 가즈오의 아메바 경영. 이는 이른바 '저성장기'로 불리는 새로운 시대를 마주하고 있는 우리나라 기업의 미래를 생각하는 데 있어 매우 중요한 단서를 제공하는 것임에 틀림없다. '합리성'의 영역에만 매몰되어왔거나 '합리성'에 정합적인 '비합리성'의 영역에 속하는 철학적 대응을 찾아내지 못했던 기업 및 기업 경영자, 후계자 문제로 고민하고 있는 중소기업 경영자, 그리고 회사 내부에서 리더가 되고자 하는 사람들, 나아가 일반 영리 기업을 넘어 공기업 또는 정부 조직을 효율적으로 개혁하고자 하는 이들에게 있어, 이나모리 가즈오가 그 특유의 비즈니스 시스템을 구축하고자 쏟아 부은 열정과 행동의 궤적은 매우 유익한 지침으로 작용할 것임을 확신해 마지 않는다.

그를 '합리적 경영자' 또는 '사상가적 경영자' 중 어느 한 측면에만 초점을 맞춰 관찰하게 되면, 큰 배움을 놓쳐버릴 수 있다. 경영자와 비즈니스맨의 기본 능력으로서의 '합리성'은 필수 조건이다. 그러나 "합리성만으로 기업 경영을 생각하는 것 자체가 합리적이지 않다". 바로 이것이 '경영의 신' 이나모리 가즈오로부터 배울 수 있는 가장 중요한 교훈임을 강조하고 싶다. 이 점을 염두에 두고 이 책을 읽어나갈 때 비로소, 아메바 경영을 통한 진정한 '혁신'의 단서를 손에 넣을 수 있을 것으로 믿는다.

송도 연구실에서
양준호

어떻게 기업 체질을 바꿔
살아남을 것인가

백 년에 한 번 찾아온다는 글로벌 금융위기 이후 일본 경제는 약간의 회복 경향을 보이고 있다. 그러나 격동하는 세계경제 체제 내에서 아직까지 그 미래를 예측할 수 없는 상황에 직면해 있는 게 사실이다. 게다가 중국 및 인도 등을 비롯한 신흥 경제국의 대두에 따라 글로벌 시장 경쟁은 이전에 비해 훨씬 격해지고 있다.

일본 경제가 예전의 전성기 시절의 양상으로 회복되기 위해서는 대기업은 물론이고 중소기업에 이르기까지 회사 임직원 모두가 책임감을 갖고 경영에 참여하는, 이른바 '전원 참가형 경영'을 가능케 하는 조직 체제를 구축해 기업 체질을 한층 강화하는 것이 요구된다.

기업 경영에 관여하게 된 후 나는 예부터의 정통적 경영관리 방식에 의문을 품기 시작했다. 대기업과 같은 매우 복잡한 조직을 '하나로' 뭉뚱그려 관리할 경우 조직의 말단에 위치하는 현장에 대한 치밀한 관찰과 진단이 불가능해진다. 결국 '대기업병'이라 불리는 다양한 형태의 폐해를 초래해 기업 수익성이 저하될 수밖에 없다.

반면 내가 나름의 기업 경영 경험을 토대로 창안한 '아메바 경영'이라는 경영관리 방식은 큰 조직을 독립채산제로 운영하는 소집단(아메바)으로 쪼개고 그 작은 조직의 리더를 임명해 공동 경영과 같은 형태로 회사를 경영하는 것을 말한다.

이와 같은 경영관리 기법을 활용하면 회사의 구석구석까지 치밀하게 관찰할 수 있게 되면서 매우 세밀한 조직 운영이 가능해진다. 그래서 이전까지 수익성이 떨어지고 있던 회사도 상상할 수 없을 정도의 고수익 기업으로 변신할 수 있게 된다.

아메바 경영에서는 회사 경영 방침 하에 아메바 리더에게 그 경영에 관한 전권을 위임한다. 아메바 리더는 작은 조직의 경영자로서 상사의 허가와 승인을 받으며 스스로 경영 계획을 세워 이를 실행에 옮기는 역할을 수행한다. 이 때문에 아메바 경영 체제 하에서는 경험이 풍부하지 않더라도 경영자 의식이 넘치는 열정적인 리더를 육성할 수 있게 되는 것이다.

그러한 리더를 중심으로 각 아메바 멤버들은 스스로 목표를 세우고 또 각각의 입장에서 목표 달성을 위해 최대한 노력한다. 그 결과 회사 임직원 전원이 목표 달성을 위해 개별 역량을 결집하는, 이른바 '전원 참가형 경영'을 실천할 수 있게 된다. 즉 아메바 경영이란 조직을 소집단으로 나눈 뒤 시장 상황에 직결되면서 또 탄력적으로 운영되는 독립채산제에 의해 운영하며, 경영자 의식을 가진 리더를 회사 내부에서 육성함과 동시에 전 임직원이 경영에 참여하는 '전원 참가형 경영'을 실현하기 위한 경영관리 기법을 의미한다.

이처럼 기업 경영을 성공적으로 이끌어내기 위한 관리회계 방식으로서 나는 아메바 경영을 진화시켜왔다. 내가 창업한 교세라가 사업 다각화를 단행해 글로벌화를 추진해나가는 과정에서 지속적으로 고수익 경영을 실현해올 수 있었던 것은 다름 아닌 아메바 경영을 실천한 덕분이다.

또 내가 아무런 경험도 전문 지식도 없이 '맨땅에 박치기' 식으로 창업한 제2전전(지금의 KDDI) 경영에 있어서도 아메바 경영에 기초한 '부문별 관리회계 시스템'을 구축했다. 그리고 이를 철저히 적용해왔다. 이로써 시장 환경 변화가 매우 급격한 통신 업계에서 KDDI의 경영 판단은 늘 적확하게 이뤄질 수 있었고, 이는 회사의 급속한 발전의 원동력으로 작용해왔다.

교세라 그룹의 계열사로부터 아메바 경영 컨설팅을 받은 일본 회사는 2010년 현재 약 400개에 달하며 이들의 실적은 급속히 성장하고 있다. 이와 같은 사례가 보여주듯 나는 아메바 경영을 진지하게 배우고 또 이를 열정적으로 실천해나간다면 기업의 경영 체질은 비약적으로 개선되고 또 기업 성과는 현저히 증대될 것이라 확신한다.

이 책은 《이나모리 가즈오의 회계경영》의 제2탄으로서, 내 경영론의 근간을 이루는 경영관리 기법을 보다 명확히 설명하려는 뜻이 담겨 있기도 하다.

오랜 기간 내가 끊임없이 고민하고 또 수정해온 아메

바 경영의 진수를 담은 이 책을 다양한 조직의 리더들과 경영관리 및 회계 업무에 관여한 분들이 읽고 조직을 활성화하고 개혁하는 데 활용한다면, 나로서는 무한한 기쁨이자 영광일 것이다.

아메바 경영이라는 독특한 관리회계 기법을 활용함으로써 기업 및 조직이 보다 발전하고, 또 그곳에서 일하는 분들이 정말 보람을 느끼면서 행복한 인생을 영위하기를 진심으로 기원한다.

이나모리 가즈오

●
1장
모든 직원이 회사의 주역이다

1. 아메바 경영의 탄생

2. 시장에 직결된 부문별 채산 제도의 확립

3. 경영자 의식이 넘치는 인재 육성

4. 전원 참가형 경영의 실현

아메바 조직 만들기

모든 직원이
회사의 주역이다

INAMORI KAZUO

모든 직원이 회사의 주역이다

1

아메바 경영의
탄생

7명의 동료와 함께 설립한 회사

먼저, 아메바 경영을 이해하는 데 있어 매우 중요하다고 생각되는 교세라 창업의 역사와 경영이념에 관해 간단히 언급하고자 한다.

가고시마대학 공학부를 졸업한 뒤, 나는 대학 시절부터 개인적으로 인연이 있던 교토의 절연체Insulator 제조기업 '쇼후松風공업'에 취직했다. 나는 그 회사에서 당시 새로운 소재 분야로 떠오른 뉴세라믹스를 연구해 그것의 사업화 성공에 크게 기여했다. 그러나 이후 내 상사로 임명된 신임 연구부장과 신제품 개발을 둘러싸고 의견 대립이 생기기 시작했다. 이것이 첨예한 갈등으로까지 번지게 되자 그 회사에서는 더 이상 기술자로서의 내 꿈을 이룰 수 없다고 판단하게 되었고, 나는 결국 퇴직을 결심했다.

다행스럽게도 주위에서 늘 정신적으로 날 지지해주던 7명의 선후배들이 함께 그 회사를 퇴직했다. 나는 이들 동지들과 교토세라믹(현재의 교세라)이라는 기술 집약형 벤처기업을 설립하게 되었다. 이 회사 설립을 위한 창업 자금은 내가 마련한 것이 아니었다. 내가 가지고 있던 기술을 세상에 널리 알리는 것을 목적으로 나를 지원하고 지지해준 주위의 여러 사람들로부터 받은 것이었다.

내 본가가 부유하고 자산이 많은 집이어서 부모님 지원 덕으로 당시 회사를 설립했더라면, 회사 운영 방식부터 달랐을 것이다. 그러나 당시 내겐 자금도, 경험도 없었을 뿐만 아니라 압도적인 경쟁력을 자랑하는 기술과 생산 설비를 가지고 있던 것도 아니었다. 당시 내가 가지고 있던 것은 신뢰할 수 있는 7명의 동료들뿐이었다. 바로 이 때문에 교세라는 태어날 때부터 이른바 '혈맹 동지'들 간의 *끈끈한* 파트너십에 목숨을 거는 회사일 수밖에 없었던 것이다.

회사를 시작하는 단계에서 당시 미야기宮木 전기의 전무로 있던 니시에다 이치에 씨로부터 지대한 신세를 졌다. 니시에다 씨는 내게 "당신은 청년임에도 매우 철저하게 사고하고 또 뛰어난 기술을 가지고 있는 것이 큰 장점이니 돈을 지원하겠다"고 말씀하셨다. 또 그는 "이제부터 회사를 시작하는 데 있어서 돈만 추구하는 경영을 해서는 안 된다"며 "당신의 기술 그 자체를 하나의 출자로 간주할 테니 당신 역시 주식을 보유하고 있어야 한다"고 단호히 말씀하시면서 회사 설립 때부터 기술 출자의 형태로 내게 주식을 보유하게 하셨다. 이른바 '오너 경영자'로서의 길을 걷게 하신 것이다.

그와 같은 니시에다 씨의 따뜻한 마음을 바탕으로 회사를 설립했기 때문에 멤버 전원의 마음과 마음이 강하게 연결되었고, 이 신뢰할 수 있는 동료지간의 *끈끈한* 유대관계는 교세라 경영의 기초로 작용하게 되었다.

당시 나는 회사 경영에 관해서는 완전한 초보였기 때

문에 과연 무엇을 근간으로 회사를 경영해나갈 것인가 하는 문제를 두고 늘 고민에 빠져 있었다. 그러다 니시에다 씨와 인연을 맺은 계기를 통해 비로소 교세라 창업의 기초로 작용하게 된 '사람의 마음'이 경영을 해나가는 데 있어서 가장 절실한 것임을 절감하게 되었다.

'사람의 마음'이라는 것은 변하기도 쉽고 또 어떤 무엇인가를 통해 사로잡기도 쉽지 않은 것이지만 한번 뭉쳐지기 시작하면, 즉 누군가에 의해 하나가 되기 시작하면 이 세상에서 이것만큼 탄탄한 것도 없다. 역사를 보더라도 '사람의 마음'이 믿을 수 없을 정도로 위대한 것들을 가능케 했음을 우리는 잘 알고 있다. 집단을 리드해나가기 위해서는 결국 '사람의 마음'을 잡는 것보다 중요한 것이 없다고 생각한다.

아메바 경영에 있어서도 '사람의 마음'이 그 기초로 작용하게 된다. 우리 사람의 인체에 수십 조 개에 이르는 세포가 존재하는데 하나의 의지 하에서 모든 것이 조화를 이루게 되는 것처럼, 수천 개에 이르는 회사 내 아메바(소집단 조직)가 모두 그 마음을 합칠 수 있을 때 비로소 회사는 거대한 힘을 발휘할 수 있는 하나의 가족이 된다.

때로는 치열한 경쟁을 펼치더라도 각 아메바가 서로 존중하고 협력하지 않으면 회사 전체로서의 힘이 발휘될 수 없다. 따라서 회사 전체로서의 힘을 발휘하기 위해서는 회사의 최고경영자에서부터 아메바의 구성원에 이르는 모든 멤버들이 '신뢰'라는 끈으로 엮여져 있어야 한다.

경영이념의 확립

교세라 창업 2년째 고등학교를 갓 졸업한 신입사원을 10명 정도 채용하고 약 1년이 지났을 때의 일이다. 이 신입사원들이 이제 일을 좀 익혔겠구나 하는 생각이 들 무렵 그들이 하나가 되어 불쑥 내게 처우 개선을 요구하고 나섰다. 10명이 혈서를 써서 내게 임금을 올려주고 고용을 보장할 것을 강하게 요구해왔던 것이다. 이들의 요구에는 '최저 얼마만큼의 승급과 보너스를 앞으로 몇 년에 걸쳐 보장하라'라는 내용이 포함되어 있었다. 나는 그들을 채용할 때 "내가 어느 정도 수준의 일까지 해낼 수 있을지 아직 잘 모르겠지만, 지금부터 최선을 다해 멋진 회사로 만들어보고 싶습니다. 이러한 회사에서 일해보고 싶지 않습니까"라고 말한 적이 있다. 그런데 이제 겨우 1년을 일하고 나서 '장래를 보장해주지 않으면 회사를 그만두겠다'고 으름장을 놓는 것이 아닌가.

나는 '받아들일 수 없다'며 이들의 요구를 일언에 거절했다. 당시 경영을 시작한 지 2년도 채 지나지 않았던 시점이었기 때문에 사실 나는 자신이 별로 없었다. 그럼에도 불구하고 직원을 내 회사에 남겨두기 위해 '자네들의 장래 처우까지 지금 이 시점에서 보증하겠다'라고 말하는 것은 명명백백한 거짓말이 아닌가. 나는 그들을 향해 "장래에는 여러분들의 요구보다 더 좋은 것을 이뤄낼 수 있도록 전력을 다하겠습니다"라고 응수했다.

나와 이들 10명과의 실랑이는 회사에서뿐 아니라 내 자택에서 심야에 이르기까지 이어졌다. 그런데도 이들은 내 설득을 받아들이지 않았다. 그다음 날에도 나는 "내 자신만이 경영자로서 잘해나가면 된다는 생각은 추호도 없습니다. 이 회사에 입사한 모든 이들이 정말 행복할 수 있도록 회사를 이끌어나가고 싶습니다"라는 말을 반복했다. 그러나 혈기왕성한 신입사원들은 "자본가 또는 경영자라는 사람들은 늘 그렇듯 그런 듣기에만 좋은 말로 우리를 속이려 한다"며 내 이야기에 대해 매우 회의적으로 대응했다.

그 당시에 나는 쥐꼬리만큼도 되지 않는 내 봉급 중 일부를 고향에 계시는 부모님께 생활비로 보내드리고 있었다. 나는 7남매 중의 차남이었고, 전쟁 직후 우리 가족은 매우 가난한 생활을 하고 있었기 때문이다. 형님과 여동생들은 자신의 진학을 포기하고 나를 대학에 보내줬다. 그런 가난한 우리 가족들도 제대로 못 챙겨주고 있던 내가 우연히 내 회사에 취직한, 또 일면식도 없었던 신입사원들의 장래까지 챙겨야 하나 하는 생각이 들었다. 내 부모와 나를 위해 희생한 형제들보다 아직 친해지지도 않은 신입사원들을 먼저 챙겨야 한다는 것은 내 입장에선 받아들일 수 없는 것이었다. 정말이지 내게 싸움을 걸어온 신입사원들이 원수로까지 여겨졌다.

그러나 나는 이미 회사를 창업한 상태였다. 내 은인인 니시에다 씨는 자신의 집을 담보로 잡히면서까지 내가 창업한 회사를 지원해주고 계셨다. 그 별난 신입사원들 때문에 회사를 도중에 그만둘 수도 없는 일이었다. 벼랑 끝에 가 있던 나는 그 신입사원들과 이른바 '진검승부'를 하지 않으면 안 되었다.

"회사를 그만둘 용기는 있으면서 왜 나를 전적으로 믿어줄 용기는 없습니까. 나는 목숨을 걸고 여러분들을 위해 이 회사를 지켜나갈 것입니다. 만약 내가 내 사리사욕을 위해 회사를 경영하게 될 경우엔 나를 칼로 찔러 죽여도 좋습니다."

그들과의 피 말리는 토론은 사흘이나 계속되었고, 나흘째가 되면서 비로소 그들은 내 마음을 알아주기 시작했다. 내 진심을 이해해주기 시작했던 것이다. 결국 그들은 전원 회사에 남기로 했다. 그러나 이와 같은 치열한 교섭은 이후 내가 회사 존재의 의의에 관해 완전히 새롭게 생각해보게 만드는 계기가 되었다. 보잘것없는 회사임에도 불구하고 젊은 직원들은 그들의 인생을 걸고 입사한다는 것을 깨닫게 된 것이다. 그 후 몇 주에 걸친 진지한 고민 끝에 나는 다음과 같이 생각하게 되었다.

'사실 나는 기술자로서의 내 꿈을 실현하기 위해 이 회사를 설립했으나, 정작 직원들은 그들의 일생을 걸고 이 회사에 들어오고 있지 않은가. 그러니 회사에는 내 개인적인 꿈을 실현하는 것 이상으로 중요한 목적이 있는 것이다. 그것은 바로 직원들과 그 가족들의 생활을 지켜줌으로써 그들의 행복을 최우선시해야 한다는 것. 맨 앞에 서서 직원들의 행복을 지키는 것이야말로 내 운명인 것이다.' 그리고 나는 내가 창업한 교세라의 경영이념을 '전 직원의 물심양면의 행복을 추구함과 동시에 인류와 사회의 진보 및 발전에 공헌하는 것'으로 결정하게 되었다.

이로써 교세라는 전 직원의 물심양면의 행복을 추구하고, 이 세상을 위해 그리고 사람들을 위해 공헌하는 회사로서 그 존재 의의가 명확해질 수 있었다. 이를 계기로 직원들은 교세라를 '자신의 회사'로 생각하며 또 자신이 경영자인 것처럼 열심히 일해주기 시작했다. 그때부터 나와 직원들의 관계는 경영자와 노동자의 관계가 아니라 같은 목적을 위해 노력을 다하는 '동지' 관계로 발전했고 전 직원들 사이에도 그야말로 진중한 동료 의식이 생기게 되었다.

아메바 경영은 소집단 독립채산에 의해 전원 참가형 경영을 펼쳐 전 직원의 힘을 결집해나가는 경영관리 시스템이다. 이와 같은 시스템을 위해서는 모든 직원이 그 어떤 의심도 없이 전력을 다해 업무에 임할 수 있도록 하는, 다시 말해 직원의 행복을 우선시할 수 있는 경영이념의 존재가 그 무엇보다 중요하다는 것이다.

대규모화된 조직을 소집단으로

창업 직후의 교토세라믹은 당시 시장에 존재하지 않았던 다양한 파인세라믹 제품을 개발해 이를 계속해서 제품화했다. 이 때문에 회사의 규모는 급속히 확대됐고 맨 처음 28명이었던 직원 수도 회사 설립 5년이 채 지나지 않았을 때 100명이 넘게 되었다. 그 후 2년 간격으로 200명, 300명씩 늘어나는 타의 추종을 불허하는 속도로 성장을 거듭했다.

그럼에도 불구하고 당시의 나는 제품 개발에서부터 제조, 영업에 이르기까지 종횡무진하며 모든 영역에 관여하고 있었다. 그렇게 몇 년을 보내니 내 몸도 따라와 주지 않을뿐더러 일의 효율도 떨어질 수밖에 없었다. 다시 말해, 경영자의 역할을 혼자선 도저히 감당할 수 없는 상황이 도래했던 것이다. 당시 중소기업은 덩치가 커지면 커질수록 관리가 어려워져 오히려 경영이 악화되는 사례가 많았는데, 당시 우리 회사는 이미 그와 같은 상황을 마주하고 있었던 것이다. 조직이 급속히 성장한 이후 업적이 악화되는 이른바 초기 '대기업병'에 시달리기 시작했다는 것이다.

당시 내게 경영학이나 조직론 등에 관한 지식이 있었다면, 급속히 커져버린 조직을 어떻게 컨트롤할 것인가에 대한 문제를 내 나름의 방식으로 해결할 수 있었을지도 모른다. 그러나 나는 그런 지식을 가지고 있지도 않았을 뿐만 아니라 매일매일 밤늦게까지 일을 해야만 했기 때문에 새로운 지식을 공부할 수 있는 시간적 여유도 없었다.

나는 경영 컨설턴트라는 직업이 있는 줄도 몰랐다.

만약 그 당시 내가 그런 직업에 대해 알고 있었다면 무리하게 돈을 들여서라도 컨설팅을 받았을지도 모른다. 그러나 나는 이를 알지 못했고 또 내 주위에는 회사 경영과 관련해 '훈수'를 둬줄 수 있는 사람도 없었다. 그 어디에도 의존할 곳이 없던 나는 성장을 거듭해온 우리 회사를 어떻게 하면 효율적으로 운영해나갈 수 있을 것인가에 대해 본격적으로 고민하기 시작했다.

그런 고민으로 하루하루를 보내고 있던 어느 날, 우연히 한 아이디어를 마주하게 되었다.

'직원이 100명 정도였을 때까진 나 혼자서도 충분히 회사 경영을 할 수 있었지. 회사를 소집단 조직으로 쪼개보면 어떨까? 100명을 관리할 수 있는 리더는 아직 양성되지 않았지만 20~30명으로 구성되는 소집단을 맡길 수 있는 리더는 이미 우리 회사에도 있지 않은가. 그러한 직원들에게 소집단의 리더 역할을 맡겨 개별적으로 관리하게 하면 어떨까?

그리고 어차피 회사를 소집단으로 구분할 것이라면, 그 조직을 각각 독립채산제로 관리하게 하면 어떨까? 회사를 비즈니스 단위가 될 수 있는(개별적으로 채산을 유지할 수 있는) 최소 단위로까지 분할해 그 조직에 각각의 리더를 세워 소사장과 같이 이들이 독립적으로 채산을 관리할 수 있도록 하면 좋지 않을까?'

각 조직을 독립채산제로 관리하게 하기 위해서는 손익계산이 불가결한데, 전문적인 결산서 방식으로는 초보자들이 이해하기 어려워 따라오지 못할 것이다. 바로 이 점 때문에 나는 회계 관련 지식을 가지고 있지 않은 사람들도 쉽게 알 수 있도록 손익계산서 작성에 나름의 고민을 실어 누구든지 회계 관리를 할 수 있도록 한 이른바 '시간당 채산표'를 작성했다. 이는 나중에 보다 구체적으로 설명하겠지만, '매출을 최대로 늘리고 경비를 최소로 줄이면 그 차액인 부가가치도 최대로 늘릴 수 있게 된다'라는 경영의 기본적 원칙을 채산표의 형태로 표현한 것이다.

여기서의 채산표는 매출에 상당하는 항목을 설정하고 그 밑에 필요한 경비(노무비, 즉 인건비를 포함하지 않는 경비) 항목을 올려 그 차액을 집계함으로써 각 소집단의 채산을 일목요연하게 파악할 수 있도록 하는 데 초점을 맞춰 작성되는 것이다.

이와 같은 '시간당 채산표'를 사용하게 되면, 소집단의 리더는 아주 쉽게 현장의 채산 관리를 할 수 있게 되기 때문에 '우리 부문의 채산을 올리기 위해서는 이 경비를 줄이지 않으면 안 된다'라며 자기 멤버들에게 매우 구체적으로 또 정확하게 지시할 수 있게 된다. 또 현장의 멤버들도 이와 같은 간단한 채산표라면 다들 쉽게 이해할 수 있기 때문에 모든 직원들이 소조직의 경영에 적극적으로 참가할 수 있게 되는 것이다. 즉 소집단의 리더를 육성함과 동시에 경영에 관심을 갖고 또 경영자 마인드를 가진 직원을 회사 내에 늘릴 수 있게 된다.

당시의 일본은 아직 노사 간의 치열한 대립 양상이 지속되고 있었고 또 노동쟁의 역시 빈번하게 발생하고 있던 시기였기 때문에, 모든 것을 '자본가 대 노동자'의 대립 구조로밖에 여기지 않는 풍조가 일반적이었다. 이 때문에 경영자는 가능한 한 직원들에게 약점을 잡히지 않으려고 경영의 실태를 직원들에게 충분히 공개하지 않거나 가르쳐주지 않는 것이 상식이었다. 그러한 시대였음에도 불구하고 내가 창업한 교세라는 회사의 경영 내용을 직원들에게 전면 공개하는 '시간당 채산' 제도를 도입해 회사의 상황을 모든 직원들에게 가능한 한 오픈할 수 있도록 한 것이다.

회사의 상황을 모든 직원들에게 대대적으로 공개함으로써 직원의 참여 의식을 높이고 또 인센티브를 이끌어낼 수 있다고 확신했던 나는 이 아메바 경영을 교세라 경영이념의 근간에 두게 되었다. 그 후 아메바 경영은 경영관리 측면에서 교세라의 급성장을 추진한 원동력으로 작용하게 되었다.

아메바 경영이 지향하는 세 가지 목적

아메바 경영은 요즘 성행하고 있는 이른바 '경영 노하우' 와는 다르다. 그저 '경영 노하우'에 불과한 것이라면 그 방법과 순서만 배우면 되지만, 아메바 경영은 그 방식만을 따라한다 하더라도 제대로 기능하지 않는다. 그 이유는 아메바 경영이 경영철학을 기초로 하는, 회사 운영에 관련된 모든 제도와 깊게 연관되어 있는 총체적인total 경영관리 시스템이기 때문이다.

아메바 경영은 경영에 관한 모든 분야에 밀접하게 연관되어 있어 그 전체 상을 명확하게 나타내는 것이 쉽지 않다. 따라서 아메바 경영을 배우기 위해서는 아메바 경영이 지향하는 것이 무엇인지를 보다 깊이 이해하는 것이 매우 중요하다.

다음에서는 아메바 경영의 목적을 구체적으로 살펴봄으로써 아메바 경영이 무엇을 지향하는 경영 시스템인지, 즉 아메바 경영의 본질에 대해 검토하고자 한다. 아메바 경영에는, 크게 구분하자면 다음과 같은 세 가지 목적이 있다. 이러한 세 가지 목적을 순서에 맞춰 설명해보려 한다.

- 제1의 목적: 시장에 직결된 부문별 채산 제도의 확립
- 제2의 목적: 투철한 경영자 의식을 가진 인재의 육성
- 제3의 목적: 전원 참가형 경영의 실현

2

시장에 직결된
부문별 채산 제도의 확립

필요한 것은 과거의 수치가 아닌 '현재의 수치'

내가 대학을 졸업하고 처음으로 취직한 쇼후공업에는 다른 회사처럼 경리부, 총무부, 인사부와 같은 관리 부문이 있었다. 그래서 전문적인 업무는 그와 같은 부문에 맡기고 나는 내가 담당하고 있던 신제품을 위한 연구개발, 제조, 판매에 전념하기만 하면 되었다. 경리와 관련해서도 사업부의 수지 계산을 경리부가 전담해줬기 때문에 나는 이에 전혀 관여하지 않았다.

그 후 쇼후공업을 퇴직해 27세에 교토세라믹을 창업

했을 때, 회사 경영에 대해서는 거의 초보자 수준이었던 나는 이전 회사의 상사이자 회사 창업과 관련해 은인이기도 했던 아오야마 세이지 씨에게 경리 업무 전반을 맡겼다. 아오야마 씨는 내가 이전에 근무했던 회사에서 관리부장을 맡고 있었기 때문에 원가계산에 정통해 있는 사람이었다.

창업한 지 몇 개월밖에 되지 않았던 때로 기억한다. 우리 회사의 경리 전표를 처리하면서 원가계산을 담당하고 있던 아오야마 씨가 그 결과를 취합한 자료를 내게 보여주기 위해 찾아왔다. 그리고 "이나모리 군, 이것이 3개월 전에 출하한 제품의 제조원가야"라며 그것에 대해 아주 소상하게 설명해줬다.

당시 나는 제품의 개발에서부터 제조, 영업에 이르기까지 모든 분야를 혼자서 챙기고 있었기 때문에 거의 하루 종일 종횡무진하다시피 했다. 그러니 솔직히 몇 개월 이전의 원가를 꼼꼼히 들여다볼 시간적 여유가 있을 리없었다. 명색이 창업자였기 때문에 형식적으로는 아오야마 씨의 얘기를 들어주는 척했지만 솔직히 그의 설명을 한쪽 귀로 듣고 한쪽 귀로 적당하게 흘려버렸다.

그랬더니 아오야마 씨는 내가 원가계산을 너무 대수롭지 않게 여긴다고 생각했는지, 그 후 몇 번이나 내게 원가표를 들고 와서는 매우 구체적인 설명을 반복하곤 했었다. 그가 너무 자주 나를 찾아왔던 관계로, 나는 "아오야마 씨, 이런 과거의 수치로는 도움이 되지 않습니다. 제품을 판매해 몇 개월이나 지난 후에 그 원가를 파악했다 하더라도 아무런 소용이 없습니다. 나는 이번 달에 이 정도의 이익을 내기 위해 매일 손을 쓰고 있습니다. 몇 개월 전의 원가에 관해 얘기를 아무리 들어도 이미 시간이 지나가버렸기 때문에 지금 단계에서는 속수무책이지요. 또 전자 부품 업계는 경쟁이 매우 치열한 시장이기 때문에 오늘 수주한 주문 가격은 금세 내려갈 수밖에 없고 또 품종뿐 아니라 가격 역시 급속히 변화합니다. 이와 같은 상황에서 과거의 원가에 관한 문제를 생각하는 것은 별로 의미가 없다고 생각합니다"라며 딱 잘라서 말해버렸다.

아오야마 씨가 경리나 총무 등의 업무 분야를 맡아준 덕분에 나는 교세라를 창업할 수 있었다. 또 아오야마 씨는 내가 원가계산의 중요성을 절감했으면 하는 마음으로 몇 번이나 나를 찾아줬음에도 불구하고 나는 정말 건방진 태도로 그의 설명을 거절해버린 것이다. 당시 나는 내 생각이 맞을지언정 창업 일등공신인 그의 원가 계산에 대한 얘기를 일언지하에 무시한 내 건방진 태도를 후회하곤 했었다. 그런 후회와 미안한 마음에도 불구하고 아오야마 씨가 시기가 지난 후 꼼꼼히 집계해준 원가는, 단지 내가 몇 개월 전에 어떤 경영 자세를 펼쳤는지를 보여주는 것에 불과하다는 생각은 지워지지 않았다.

내가 천착했던 파인세라믹스는 당시 완전히 새로운 소재였기 때문에 매달 반복적인 주문이 들어오는 경우는 거의 없었다. 이전에는 전혀 찾아볼 수 없었던 신제품을 수주해 이를 납품하고 나면 이제는 이전과는 전혀 다른, 즉 그다음 수준의 신제품을 수주하게 되는 상황의 연속이었다. 같은 제품을 계속해서 생산하는 일은 그다지 많지 않았고, 가령 이전과 동일한 반복 주문이 들어왔다고 할지라도 시장에서의 경쟁이 워낙 치열했던 관계로 지속적인 납품 가격 인하를 요구받을 수밖에 없는 상황이었다. 마치 디플레이션 경제와 같이 시장 가격이 계속해서 내려가고 있던 상황이라 이에 맞춰 가격을 계속해서 인하하는 것은 당연한 것이었다. 이와 같은 상황에서 이미 몇 개월이 지난 원가계산을 짚어본다 하더라도, 집계가 완료된 시점에 그 제품은 더 이상 만들지 않는 경우가 일반적이어서 그런 원가계산은 실제로 아무런 도움이 되지 않았던 것이다.

통상적인 공업 제품 생산의 경우 여러 제조 공정을 거쳐 그 제품이 완성된다. 그러한 공정 과정에서 원재료비, 인건비, 외주가공비, 전력비, 감가상각비 등의 비용이 발생해 전 공정에 소요된 비용의 합계가 제품의 원가로 계산된다. 반면 제품을 판매할 때의 가격은 원가와는 무관하게 시장에서 결정되는데, 회사는 그 차액인 이익을 얻게 된다. 그러나 고객이 구입 시 지불하는 시장 가격은 결코 일정한 수준을 유지하지 않는다. 지난달 납입된 가격 수준으로 이번 달에도 수주받을 수 있다는 보증은 그 어디에도 없고, 특히 가격 인하가 치열하게 이뤄지는 지금의 시장에서는 판매 가격은 하루가 멀다 하고 내려간다 해도 과언이 아니다.

이와 같은 상황이므로 다수의 제조 기업들이 일반적

으로 시행하고 있는, 경영에 대한 사후적인 체크를 통해 얻어낸 경영 수치로는 기업에 아무런 기여를 할 수 없는 것이다. 몇 개월이나 지난 원가 데이터를 기초로 경영을 하게 된다면 끊임없이 변화하는 시장 가격에 아무런 대응을 하지 못하게 된다. 급속히 변화하는 시장에선 제품을 생산해나가는 과정에서 적시에timely 또 신속하게 원가를 관리해야 할 필요가 있다. 경영자에게 필요한 것은 회사는 지금 어떤 경영 상태에 직면해 있으며, 또 어떤 방법으로 상황에 대응하면 좋을지를 판단할 수 있게 해주는 바로 '살아 있는 수치' 뿐인 것이다.

인간의 기준에서 무엇이 옳은 것인가?

회사를 창업했을 때 이제 갓 경영자가 된 나는 여러 영역에서 회사의 리더로서 최종적인 '판단'을 하지 않으면 안 되었다. 창업한 지 얼마 안 된 벤처기업이었기 때문에 내 자신이 판단을 잘못 하면 회사는 거기서 바로 기울게 되는 그런 상황이었다. '무엇을 기준으로 판단을 내려야 하는가' 라는 질문을 두고 햇병아리 경영자였던 나는 한 일 년간 매일 고민을 했었다.

오랜 고민 끝에 나는 경영에 있어서의 '판단' 은 이 세상 모든 사람들에게 통하는 것, 즉 '인간의 기준에서 무엇이 옳은 것일까' 하는 자기 질문에 입각해 내려야 하는 것이라고 결론을 내렸다. 모든 사람들이 일반적으로 지니고 있는 윤리관이나 도덕에 반하는 판단은 회사를 장기적으로 이끌어나갈 수 없다. 그래서 어릴 때부터 부모님께 매를 맞으며 배웠던 '인간으로서 해도 되는 것, 해서는 안 되는 것' 과 같은 지극히 기본적인 기준을 토대로 판단해나가야겠다고 결심했다.

다시 말해, '인간의 기준에서 무엇이 옳은 것인가' 라는 기준을 회사 경영의 원리 원칙으로 정하고, 이를 기초로 모든 판단을 내리기로 작정한 것이다. 이는 공정, 정의, 용기, 성실, 인내, 노력, 친절, 배려, 겸허, 박애와 같은 용어로 표현될 수 있는, 즉 세계에 통용될 수 있는 지극히 보편적인 가치관이다.

당시 나는 그야말로 경영에 문외한이었기 때문에 회

사와 관련한 이른바 '상식' 이라 불리는 것을 갖추지 못하고 있었다. 그래서 무엇을 판단하던 간에 대상의 본질에서부터 생각하지 않으면 안 되었다. 그런데 그런 것들이 오히려 경영에 있어서 중요한 원리 원칙을 세울 수 있게 된 원천으로 작용하게 되었다.

매출은 최대로, 경비는 최소로

그 대표적인 예로서 다음과 같은 에피소드를 언급할 수 있다. 창업한 지 2년도 채 지나지 않았을 때, 여러 가지 면에서 신세를 지고 있던 회사 미야기 전기의 경험 풍부한 경리 전문가에게 교세라의 경리 업무에 관한 자문을 지속적으로 요청하고 있었다. 나는 그 담당자에게 이번 달 결산은 어떻게 되어가고 있는지를 직접 물어본 적이 있었다. 그는 매우 어려운 회계 용어를 쓰면서 내 질문에 대한 설명을 해줬지만, 경리 업무에 대해 문외한이었던 나는 이를 전혀 이해할 수가 없었다. 몇 번이나 질문을 반복한 끝에, "이제 알겠습니다. 단도직입적으로 말하자면 매출은 최대로 늘리고, 경비는 최소로 줄이면 된다는 거지요? 그렇게 하면 이익이 자동적으로 늘어난다는 것이 아니겠습니까"라고 맞장구를 친 적이 있다.

회사 경영에 관해 아직 초보자에 불과했던 나였기 때문에 오히려 경영의 본질을 간단하게 파악할 수 있었던 것 같다. 이때 나는 '매출은 최대로, 경비는 최소로'가 경영의 원리 원칙임을 깨닫게 되었다. 그 후 이와 같은 원리 원칙에 따라 다른 것을 생각하지 않고 오로지 매출을 최대로 늘리는 노력을 계속하면서, 동시에 모든 경비를 줄이는 데 노력에 노력을 거듭해왔다. 그 결과 앞에서도 언급했듯 교세라의 사업은 급속히 확대되었고 또 채산은 이전에 비해 훨씬 많이 향상되었다.

이 원칙에 관해 얘기를 하면, '그런 것쯤이야 당연한 게 아니냐' 하며 회의적인 반응을 보이는 사람이 꼭 있다. 그러나 이 원칙이야말로 세간에 떠돌고 있는 상식의 수준을 넘는 경영의 진수로 볼 수 있다. 일반적인 기업에서는 제조업이건, 유통업이건, 서비스업이건 '이런 업종에서의 이익률은 이 정도 수준이다'라는 암묵적 상식을 토대로 하는 경영이 이뤄지고 있다. 이익률은 제조업의 경우 몇 %, 유통업의 경우 몇 % 정도만 챙기면 된다는 업계의 상식을 토대로, 실제 실적이 그 정도에 이르면 '잘했다'며 만족해하는 것이 일쑤인 것이다.

그러나 '매출은 최대로, 경비는 최소로'라는 원칙에 의거해 생각해보면 매출은 얼마든지 늘릴 수 있는 것이고 또 경비도 얼마든지 낮출 수 있는 것이다. 그 결과 이익을 얼마든지 늘릴 수 있게 되는 법.

또 매출을 늘리기 위해서는 안이하게 가격을 올리는 것이 아니라 나중에 설명할 '가격 결정은 경영'이라는 원칙 아래 고객이 만족하면서 구매해줄 수 있는 범위 내에서 최고의 가격을 책정하는 것이 중요하다.

경비를 줄일 때도 '더 이상 못 줄인다'며 먼저 포기하는 것이 아니라 인간의 무한한 가능성을 신뢰하며 끝없는 노력을 다해야 할 필요가 있다. 그렇게 함으로써 이익을 얼마든지 올릴 수 있게 되는 것이다. 이와 같은 원리 원칙대로 전 직원이 일사불란하게 노력을 거듭하면, 기업은 오랜 시간에 걸쳐 고수익을 실현할 수 있게 되는 것이다. 그야말로 고수익 체질의 기업이 탄생된다는 의미다.

원칙에 의거한 부문별 채산 제도

이와 같은 문제의식을 갖게 된 나는 언급했듯이 원리
원칙에 의거해 회사를 경영해나가면서 교세라를 고수
익 기업으로 만들기 위해 필사적인 노력을 거듭해왔다.
그러나 어느덧 회사의 덩치가 커짐에 따라 나는 일말의
불안감을 가지기 시작했다. 경영자인 나는 '매출은 최
대로, 경비는 최소로'라는 원칙을 기초로 해 회사 전체
를 경영할 수 있었다. 그러나 조직이 커지면 커질수록
나 혼자서 이와 같은 원칙을 말단 직원들에게까지 철저
하게 적용해줄 것을 요청하는 데에는 한계가 있을 수밖
에 없었다.

경영에 있어서 가장 중요한 지표인 매출과 경비는 경
영 현장과 직결되는 것이기 때문에 현장에서 발로 뛰는
직원들이 이 원칙을 제대로 이해하고 또 실천에 옮겨야
할 필요가 있다. 내가 설립한 교세라 직원의 절반 이상

을 차지하고 있는 제조 부문의 경우 당시 경비를 줄여야 하는 필요성에 대해서는 모두 절감하고 있었지만, 매출을 늘려야 하는 것에 관한 관심과 책임은 가지지 못했다. '매출은 최대로, 경비는 최소로'라는 원칙에서 생각해보면, 각 공정에 있어서도 경비를 최소로 줄임과 동시에 매출을 최대로 늘릴 수 있도록 노력을 하지 않으면 안 된다. 그러기 위해선 각 제조 공정의 리더 직원이 매출을 실감할 수 있도록 해야 한다. 왜냐하면 이와 같은 객관적인 실감 없이 매출을 최대로 늘리려고 하는 의욕은 나타나지 않기 때문이다.

또 경비를 최소로 줄이려 한다 하더라도 조직이 커지면 자의와 달리 어느덧 회계는 뭉뚱그려 관리될 수밖에 없게 된다. 그러면서 과연 어디에서 또 어떠한 경비가 발생하고 있는지를 파악하기 어려워지기 때문에 반드시 아주 세밀하게 채산을 살펴볼 수 있도록 하는 관리 방법이 필요하다고 생각했다. 바로 그때 내가 생각해낸 것은 회사 전체를 작은 유닛 조직Unit Operation으로 분할해 그 소조직들이 회사 내에서 서로 거래하며 매매하게끔 하는 시스템을 도입해야겠다는 것이었다. 예를 들어 파인세라믹스의 제조 공정은 원료, 성형成形, 소성燒成, 가공 등의 공정으로 구분할 수 있다. 이와 같은 각 공정을 하나의 유닛 조직으로 분할해 원료 부문이 성형 부문에 원료를 판매한다는 사내 체제를 갖추게 되면, 원료 부문에는 '판매'가 발생하게 되는 것이고 또 성형 부문에는 '구매'가 발생한다. 즉 각 공정 간에 물건의 매매가 이뤄지게 하는 체제를 갖추게 되면, 각 유닛은 하나의 중소기업과 같이 독립된 채산 단위가 되며, 또 각각의 유닛이 '매출은 최대로, 경비는 최소로'라는 경영 원칙을 제대로 실감하면서 자주적으로 경영해나가는 것이 가능해진다. 이와 같은 문제의식을 내가 설립한 교세라에서는 '사내 매매' 또는 '사내 거래'라 부르고 있는데, 이는 내가 주창해온 아메바 경영의 가장 중요한 특징이기도 하다.

이렇게 회사를 소조직들의 집합체로 간주하게 되면, 경영자는 각각의 유닛이 보고하는 채산 상황들을 확인하면서 어느 부분이 지금 이익을 얻는지 또는 어느 부분이 지금 손해를 보고 있는지, 즉 회사의 실태를 보다 정확하게 파악할 수 있게 된다. 그렇게 되면 회사 전체의 경영 책임자도 정확한 경영 판단을 내릴 수 있게 되면서, 회사 전체를 매우 세밀하게 관리할 수 있게 되는 것이다. 교세라에서는 이와 같은 문제의식 단계에서부터 아메바 경영 시스템의 원형이라 불리는 소집단에 의한 부문별 채산 제도가 본격적으로 구축됐다.

시장의 움직임에 즉각 대응하다

'매출은 최대로, 경비는 최소로'라는 원칙을 회사 전체 차원에서 실천하기 위해 나는 조직을 세분화하고 이 세분화된 각각의 조직을 독립된 하나의 채산 단위인 '아메바'라 명명했다. 각 아메바에는 책임자인 리더를 두고 그 소조직의 경영을 맡겼다. 상사의 승인은 필요하지만 아메바 리더에게 경영 계획, 실적 관리, 노무 관리, 자재 발주에 이르기까지 각 아메바의 경영 전반을 위임했다.

아메바라 불리는 작은 소조직이라 할지라도 그것을 경영한다는 입장에 서게 되면, 수지 계산을 직접 하지 않으면 안 되기 때문에 아메바 리더에겐 최소한의 회계 지식이 요구된다. 그러나 당시의 교세라가 직면한 상황을 고려하면 모든 아메바 리더가 그와 같은 회계 지식을 갖춘다는 것은 물리적으로 어려웠다. 그래서 회계와 관련된 특별한 지식을 가지고 있지 않더라도 아메바의 채산 상황을 누구나 알 수 있도록 하는 매뉴얼이 필요했다. 그래서 내가 생각해낸 것이 바로 교세라 특유의 '시간당 채산표'라 불리는 회계 관리 매뉴얼이다(상세한 내용은 4장을 참조할 것).

 '시간당 채산'에서는 각 아메바의 수입과 경비뿐만 아니라 그 차액인 부가가치를 계산한다. 나아가 그 부가가치를 총 노동 시간으로 나눠 '시간당 부가가치'를 계산한다. 이와 같이 '시간당 채산표'라는 것은 자기가 속한 아메바가 시간당 얼마만큼의 부가가치를 창출했는지를 아주 간단하게 파악할 수 있게 한 매뉴얼이다. 또 '시간당 채산표'의 사전 계획과 사후 실적을 대비함으로써 미리 세워둔 매출 계획, 생산 계획, 경비 지출 계획 등의 진척 상황을 아메바 리더는 즉시에 파악할 수 있게 되면서 필요한 조치를 곧바로 취할 수 있게 된다.

시장 가격은 항상 변화하기 마련이다. 그러한 변화에 유연하게 대응하고 또 이에 늘 선수를 치지 않으면 목표로 설정한 부가가치와 이익은 확보할 수 없게 된다. 그렇기 때문에 복잡한 제조 공정을 몇 개의 작은 아메바로 분할하고, 그 아메바가 서로 매매 거래를 반복함과 동시에 각 아메바별 실적을 즉시에 파악할 수 있는 경영관리 시스템을 구축했던 것이다.

이와 같은 경영관리 시스템이 작동하게 되면, 예를 들어 시장 가격이 대폭 하락했다 하더라도 판매 가격 하락이 아메바 간의 매매 가격에 곧바로 반영되어 각 아메바는 경비 지출을 줄이는 등 관련 대응을 즉시에 취할 수 있다. 즉 시장에서 이루어지는 기술 혁신으로 인한 제품 가격의 급속한 변화를 회사 내 구석구석까지 직접 전달할 수 있게 될 뿐만 아니라, 회사 전체가 시장의 변화에 즉시에 대응할 수 있게 된다는 것이다. 게다가 사내 매매(거래)를 시행한다는 것은 품질관리 면에서도 큰 효과를 발휘할 수 있게 한다. 아무리 사내 거래라 할지라도 그것이 이른바 '매매'의 형태를 띠고 있는 이상, 구입하는 측에 있는 아메바는 상품이 필요한 품질을 충족하지 않는 한 사내 구매를 하려고 하지 않는다. 따라서 각 공정 간에 통용되는 품질 수준에 도달하지 못한 물건은 이후 공정으로 흐를 수 없다. 즉 사내 매매별로 '품질 관계'가 이미 구축되어 있어 품질이 사내에서 철저하게 체크된다는 얘기다. 이 때문에 각 공정의 아메바 차원에서 제대로 된 품질관리가 이뤄질 수밖에 없는 것이다.

시장은 늘 변화하기 때문에 기술개발 영역 역시 일진월보日進月步하지 않을 수 없다. 즉 변화하는 시장에 맞춰 기술 역시 끊임없이 개발되어야 한다는 의미다. 그와 같은 기업을 둘러싼 환경에 대해 민감하게 반응하면서 유연하게 대응해나가기 위해서는 조직을 고정화하지 않고 사업의 전개 양상에 맞춰 자유롭게 분할하거나 통합하고 또 증식시키거나 하는 대응이 중요하다.

교세라의 소조직을 의미하는 '아메바'라는 용어는 그와 같은 소집단 조직이 마치 세포분열을 자유자재로 반복하는 아메바와 같다고 말한 한 직원의 표현에서 태어났다. 채산 단위인 아메바는 명확한 의지와 목표를 가지면서 스스로 성장을 지속해나가고자 하는 하나의 자립된 조직이다.

회사 경영은 '매출은 최대로, 경비는 최소로'의 원리 원칙으로 해나가는 것이다. 이와 같은 원칙을 회사 전체가 실천해나가기 위해 조직을 소조직으로 구분해 시장의 움직임에 즉시 대응할 수 있도록 한 부문별 채산 관리를 시행하는 것. 바로 이것이 아메바 경영을 시행하는 첫 번째 목적이다.

3

경영자 의식이 넘치는
인재 육성

'공동 경영자' 역할을 맡아줄 동료가 필요하다

교세라 창업 당시 나는 개발, 제조, 영업, 관리 등 모든
부문을 직접 지휘했다. 제조 현장에 무엇인가 문제가
있으면 곧바로 달려가서 지시하거나, 주문을 얻어내기
위해 고객을 직접 방문하기도 했다. 그리고 제기된 클
레임에 대해서도 선두에 서서 대응하는 등 나 혼자서
수많은 역할을 다하지 않으면 안 되었다. 분주함의 극
에 달한 나는 자기 털을 뽑아 분신을 만드는 손오공처
럼 조금 지나면 내 분신이 나타나줄 것이라는 기대와

목마름의 나날을 보냈다. 내 분신과 같은 직원이 있어서 '너는 영업을 위해 고객이 있는 곳으로 가라', '너는 제조와 관련된 문제를 해결하라'고 지시할 수 있게 된다면 얼마나 좋을까 하는 절실한 생각에 여념이 없었다.

당시의 내게 있어 바쁘다는 것만이 문제는 아니었다. 그 어떤 회사라 하더라도 경영자는 고독한 존재인 법이다. 경영의 최고 책임자로서 최종적으로 결단을 내려야 하며 또 책임을 지지 않으면 안 되기 때문에 늘 마음이 불안하고 또 압박감에 매일 수밖에 없었다. 내 경우 교세라를 창업하기 전에 회사를 경영한 경험이 전혀 없었기 때문에 더욱더 그러했다. 나와 함께 동고동락하며 공동 경영자로서의 책임을 느껴줄 수 있는 동료가 너무 절실했다.

회사가 아직 작은 규모에 불과할 때는 아무리 바빠도 경영자가 회사 전체를 혼자서 챙기는 것이 가능하다. 그러나 회사가 커지면 커질수록 제조, 영업, 개발 등 회사의 모든 영역을 혼자서 챙기는 것이 점차 곤란해지기 마련이다. 그렇게 되면 경영자는 '당신은 영업만이라도 제발 책임지고 챙겨주길. 제조는 내가 챙길 테니' 하는 마음을 갖게 된다. 즉 제조 업체의 경우 먼저 회사 전체를 제조 부문과 영업 부문으로 조직을 구분하는 것이 일반적이리라.

이렇듯 회사를 제조와 영업 부문으로 나눠서 대응한다 하더라도, 그 이상으로 회사가 커지게 되면 영업 부문, 제조 부문 등 각 부문을 혼자서 관리하는 것이 불가능해진다. 그렇게 되면 영업 부문의 경우 조직을 지역별로 구분해 서일본 영업과 동일본 영업으로 나누게 된다. 그리고 여기서 고객이 더 늘어나게 되면 서일본 영업을 각각 간사이 지구, 주고쿠 지구, 시코쿠 지구, 규슈 지구 식의 조직으로 분할해나간다. 제조 부문의 경우도 채산을 아주 세밀하게 체크하고자 한다면 제조 부문의 책임자가 혼자 관리하는 것이 불가능해진다. 그렇게 되면 제품의 품종별 또는 공정별로 조직을 구분해 각 조직별 독립적인 채산 관리를 고려할 것이다.

회사의 규모가 확대되어 경영자와 각 부문의 책임자가 회사 전체를 관리하는 것이 불가능해졌을 때에도 조직을 작은 소조직으로 구분해 독립채산을 맡기게 되면 그 리더가 자신이 맡은 유닛의 상황을 정확하게 파악할 수 있게 된다. 또 소조직을 위임받은 리더도 소수 인원이 속한 조직이기 때문에 일상의 업무 진척 상황 및 공정 관리 등과 같은 조직 운영을 매우 쉽게 해내갈 수 있게 된다. 즉 특별히 높은 수준의 관리 능력이나 전문 지식을 가지고 있지 않다고 하더라도 자기가 속한 부문을 매우 적확히 운영할 수 있게 된다는 것이다.

그뿐만이 아니다. 작은 유닛이라 할지라도 그 경영을 전면 위임받았기 때문에 리더는 '나도 경영자의 한 사람이다' 라는 의식을 갖게 된다. 그렇게 되면 리더는 경영자로서의 책임감을 가지게 되기 때문에 실적을 조금이라도 개선하고자 노력하게 된다. 즉 직원으로서 '누군가가 해주길 바라는' 입장에서, 리더로서 '내가 해주겠다' 라는 입장에 서게 된다는 것이다. 이러한 입장의 변화야말로 경영자 의식이 생겨났음을 의미한다.

이렇게 되면 '일정 시간 일하면 일정한 보수를 받을 수 있다' 라는 소극적인 또는 수동적인 입장에서 180도 바뀌어, 이제는 멤버의 보수를 지급하기 위해 자신이 직접 벌어들여야 하는 입장이 되어버린다. 이 때문에 자기희생을 감수하더라도 자신이 책임지고 있는 소조직의 경영을 개선하는 데 주력하게 되는 것이다. 이와 같은 경로로 경영 책임을 함께 져주는 공동 경영자가 소조직 리더 중에서 점차 나타나기 시작하는 것이다.

아메바 경영을 도입한 덕분에 공동 경영자로서의 자각을 가진 리더들이 교세라에는 꽤 많이 탄생했다. 아메바 경영 도입 이후 지금에 이르기까지 교세라의 아메바 리더는 '소사장'으로서 각 아메바에서 매우 훌륭한 경영을 해주고 있다.

필요에 따라 조직을 작은 유닛으로 분할해 중소기업의 연합체로서 회사를 재구성하는 것. 그리고 그 유닛의 경영을 아메바 리더에게 전적으로 맡김으로써 경영자 의식을 가진 인재를 육성해나가는 것. 바로 이것이 아메바 경영을 시행하는 두 번째 목적이다.

4

전원 참가형 경영의 실현

노사 대립을 해소하는 '대가족주의'

제2차 세계대전 이후 일본이 민주주의 국가로 탈바꿈하면서 그 이전에는 법으로 금지했던 공산당의 활동도 부활했다. 또 전시 체제에 대한 반동적 영향으로 1945년 이후 몇 년간은 사회주의적 정치 그룹이 일거에 그 세력을 확대하면서 일본 전체에 노동쟁의가 빈번하게 발생하게 되었다.

특히 교세라가 위치한 교토에서는 노동운동에 적극적인 좌파 혁신 세력의 조직력이 강해 1945년 이후 수

십 년간 일본공산당 출신 현지사가 지방정부를 장악하는 지역 특색을 보였다. 노동자는 자신의 권리만을 주장했고 경영자의 고민과 생각에 대해서는 그다지 깊은 이해심을 드러내지 않았다. 반면 경영자 중에선 1945년 이전부터 형성되어 있던 오랜 편견을 답습하며 노동자를 생산을 위한 도구로밖에 보지 않는 자들도 꽤 있었다. 교토의 경우 미군의 공습을 받지 않아 거리도 사람들도 전쟁 이전의 모습 그대로 남게 됐는데, 바로 이 때문에 교토의 경영자들이 혁신적인 노사관을 지향하지 않고 이전의 낡은 노사관에서 벗어나지 못했었던 것도 사실이다.

이와 같은 적대적 노사관계는 도대체 언제부터 형성된 것일까? 인류의 역사를 되짚어 그 배경을 떠올려보면 다음과 같은 것이 아닐까 싶다. 인류는 원시공동체 시절 수렵 채집에 의한 이주생활에서부터 농경에 의한 정주생활을 영위하게 되었다. 농경이 본격화되면서 사람들은 생활의 안정을 꾀하기 위해 자연재해 등에 대비해 식량을 비축하기 시작했다. 그렇게 되면서 비축해온 식량의 일부가 잉여로 남게 되었고, 이 남은 식량을 식량이 부족한 지역으로 운반해 팔고자 하는 상인들이 출현했다. 당시 상인들은 개인 또는 가족 차원에서 장사를 했으나 상업 규모가 커짐에 따라 가족 이외의 노동자를 고용하게 되었다. 이 시점에서 비로소 경영자와 노동자 간의 관계가 탄생된 것이다. 상업은 시대와 함께 성행하게 되었고 점차 폭넓은 장사를 영위하게 된 상인들은 수많은 노동자를 고용하기에 이르렀다. 이렇게 되니, 노동자를 가능한 한 싼 임금으로 고용해 조금이라도 자신의 돈벌이를 늘리고자 했던 이들이 나타나기 시작했다. 그와 같은 경영자가 늘어나는 과정에서 어느덧 경영자와 노동자의 이해가 대립하기 시작했던 것이다.

이후 자본주의가 발전하면서 제조업 등의 다양한 산업이 출현하게 되었고 또 주식회사 등과 같은 근대적인 회사 조직이 역사에 선을 보이게 되었다. 이것의 배경은, 회사 조직이 대규모화되면서 이전보다 훨씬 더 바빠지게 된 경영자가 자신의 업무와 책임을 분담해주는 사람을 공동 경영자로서 임명해 회사 경영의 분업화를 꾀한 것에서 찾을 수 있지 않을까 싶다.

물론 경영자의 업무를 함께 분담해줄 임원들을 늘려

경영의 분업화를 꾀함에 따라 회사 경영이 효율화된 것은 분명한 사실이다. 그러나 그 수는 수십 명에 불과했으며, 임원을 포함한 경영진과 대다수를 차지하는 노동자 간 적대 관계는 해소되지 않고 오히려 그 대립 관계는 더욱 심화됐다. 노동자는 자신들의 권리만을 주장하고 경영자의 고민과 생각을 이해해주려고 하지 않았다. 경영자 역시 노동자의 입장을 이해하려 들지 않았고 또 노동자들의 생활과 권리를 지켜주려 하지 않았다. 양자 모두 이기주의를 관철하면서 상대를 배려하지 않으려 했기 때문에 노사 간 대립은 점차 격화될 수밖에 없었던 것이다.

제2차 세계대전 이후 이와 같은 노사 간 대립이 그 어떤 도시보다도 더 격화되고 있던 교토라는 도시에서 나는 회사를 창업했다. 갓 입사한 직원들은 그와 같은 토양에서 자란 탓이었는지 경영자를 노동자와는 상생할 수 없는 적대적인 존재로 인식하며 경영자를 신뢰하지 않는 이들이 대다수였다. 당시 교세라는 창업한 지 얼마 되지 않은 영세 기업이었기 때문에 전 직원이 하나가 되어 치열한 시장 경쟁에서 살아남기 위해 혼신의 노력을 해도 모자랄 판이었다. 그런 상황에서 노사 간 대립에 의해 기업 내부에서 힘을 소진해버린다는 것은 회사의 존속 그 자체를 부정하는 것임에 다름없었다. 어떻게든 회사 내부에 대립이 없는, 노사가 일체가 되어 협력하는 회사를 만들지 않으면 안 되었다.

나는 이러한 노사관계의 문제를 어떻게 하면 해결할 수 있을지 하는 문제로 고민에 고민을 거듭했다. 그 결과 내가 내린 결론은 '먼저 경영자가 노동자의 입장과 권리를 존중해주고, 또 이에 화답하는 차원에서 노동자 역시 경영자처럼 회사 전체를 위해 기여해야 한다는 생각을 가지게 된다면, 노사 간 대립은 자연스레 해소될 수 있다'는 것이었다.

회사에는 개인 경영, 유한회사, 주식회사 등 다양한 형태가 있다. 그중에서 만약 '전 직원을 경영자'로 간주하는 회사 형태가 있다고 한다면, 노사 대립 등과 같은 문제는 처음부터 생기지도 않을뿐더러 전 직원이 회사의 발전을 위해 단결하는 최강의 집단으로 각광을 받을 것임에 틀림없다. 당시 내가 알고 있었던 것은 미국에는 회계사 및 변호사 사무실 등을 경영할 때 '파트너십'

이라는 것이 있어서, 공동 경영자인 파트너들 간의 연대 책임에 의해 회사를 경영하는 형태가 존재한다는 것이었다. 그래서 나는 교세라에서는 직원들 모두가 이와 같은 '파트너'가 되는 그런 회사를 창업할 수 있으면 좋겠다고 생각했으나, 유감스럽게도 일본의 법제도로는 그와 같은 경영 형태를 실현할 수는 없었다.

그럼에도 불구하고 전 임직원이 노사 공통의 목적을 위해 서로 협력할 수 있는 것이 가장 중요하다고 생각했던 나는 파트너 경영의 모델을 일본의 전통적인 '가족' 개념에서 찾았다. 여기서의 '가족'이란 가족의 구성원인 조부모, 부모, 자녀들 각자가 자신들이 속한 가족을 위해 모두 최선을 다하는 그런 전통적인 가족을 의미한다. 부모는 자식을 사랑하고 자식은 부모를 존경하며 가족이 발전하고 또 행복해지는 것에 대해 멤버 전원이 기쁨을 느끼는, 그런 운명공동체로서의 가족에 나는 초점을 맞췄다. 서로 상대를 배려하고 또 상대를 위해 최선을 다하는, 즉 사랑과 신뢰로 엮인 가족관계를 내가 창업한 회사에 적용하고자 했다. 이것이 바로 내가 지금껏 지향해온 '대가족주의'다.

만약 회사가 하나의 대가족과 같은 운명공동체가 되어 경영자와 직원이 가족과 같이 서로 이해하고 격려하며 협력해나간다면, 노사가 하나가 되어 회사 경영을 해나갈 수 있다. 또 치열한 시장경쟁 하에서도 함께 회사 발전을 위해 노력할 수 있기 때문에 회사의 업적 역시 순조롭게 발전할 수 있다. 나는 이와 같은 생각을 '대가족주의'라 명명하며 회사 경영의 기초가 되는 경영이념으로 설정했다.

그래서 나는 노사 간 대립이 당연시되던 당시의 일본 사회에 있어서 경영자와 직원이 가족과 같은 인간관계를 구축해 한 사람이라도 더 많은 임직원들이 함께 손을 잡고 경영에 참여할 수 있는 회사를 만들기 위해 노력하기 시작했던 것이다.

경영이념과 정보의 공유

그러나 아무리 필사적으로 '대가족주의'를 표방한다 하더라도 그것만으로는 경영자와 노동자 간 대립을 해소하고 노사가 서로 협력하는 기업 풍토를 구축하는 것이 현실적으로 어렵다. 노사의 입장을 넘어 전 임직원이 일치단결하기 위해서는 먼저 전 임직원이 납득할 수 있는 경영의 목적과 경영이념이 불가결하다.

일반적인 회사 중에서는 부모로부터 가업을 계승하거나 아니면 자신이 돈벌이를 위해 회사를 설립하거나 하는 경우가 많다. 교세라가 만약 그와 같은 목적의 회사였다면 노사가 일치단결할 수 있는 회사로 만드는 것은 불가능했을 것이다. 교세라는 처음부터 서로 신뢰하는 동지들이 모여 설립한 회사였기 때문에 경영자인 내가 사복을 채우거나 내 개인의 입신양명을 위해 이 회사를 활용해야 한다는 생각은 솜털만큼도 없었다.

또 앞에서 언급했듯이 내가 창업한 교세라는 경영이념을 '전 직원의 물심양면의 행복을 추구함과 동시에, 인류와 사회의 진보 발전에 공헌하는 것'으로 정했다. 직원들의 행복을 추구하는 것을 목적으로 하는 회사로서 존재하기 위해 노력했기 때문에 노사가 하나가 되어 회사 발전에 혼신의 힘을 다하는 것에는 아무런 모순도 없었다. 이와 같이 전 직원이 납득하고 또 공유할 수 있는 보편적인 경영이념을 이미 세워놓고 있었던 것이 교세라에 있어서 노사 대립을 넘어 노사 간 일치단결하는 기업 풍토를 낳은 토양으로 작용했던 것이다.

또 이러한 경영이념을 확립해놓고 있었기 때문에 나는 경영자로서 직원들을 매우 엄격하게 다룰 수도 있었다. 개인의 이익을 채우는 것에 혈안이 되어 있는 경영자였다면 아마 직원들은 나를 자기 자신만을 위해 노동을 착취하는 사람으로 여겼겠지만, 교세라 경영자인 나는 선두에 서서 자기희생을 감행하면서까지 전 직원들의 행복을 위해 최선을 다해왔다. 그렇게 했기 때문에 나는 직원 모두를 위해 일은 꼭 성공시켜야 했고, 또 이 때문에 눈치 보지 않고 직원들의 잘못에 대해서는 과감하게 야단을 칠 수 있었으며, 전 직원이 같은 목적을 위해 일한다는 이른바 '동지의식'이 교세라에 나타나기 시작했던 것이다.

그럼에도 불구하고 전 직원이 나의 경영자로서의 수고를 충분히 그리고 제대로 이해해준 것은 아니었다. 내가 "자네, 지금 그런 거 하고 있을 때가 아니지 않나? 지금 회사 상황을 모르나?" 하며 엄하게 꾸지람을 줘도 마음속 깊이 받아들이지 않는 직원도 있었다. 이런 직원과 나 사이의 심리적 갭은 쉽게 해소되지 않았다.

그러다 직원들이 내가 강조하는 것을 이해해주지 않는 이유가 그들이 회사 실태를 제대로 모르고 있기 때문이라는 것을 깨닫게 되었다. 그래서 과감하게 회사 실태를 모든 직원들에게 공개하거나, 회사와 관련된 모든 정보를 직원들과 공유하게 되면 경영자인 나의 기분과 생각을 이해해주게 될 것이라는 생각을 하게 되었다. 경영자는 노동자의 입장을 이해하려 들지도 않고 또 노동자는 자신의 권리만을 주장하기 때문에 노사 간의 대립 구조는 계속되는 것이다. 그러나 나는 전 직원이 경영자 마인드를 가지고 경영자와 같은 의식 수준에서 그들 나름의 업무에 임해주길 원했다. 이를 실현해내기 위해서는 회사가 직면하고 있는 모든 실태에 관한 정보를 가능한 한 전면 공개함으로써, 내가 지금 고민하고 있는 것들 그리고 곤란해하고 있는 것들을 일체 숨기지 않고 모두가 알 수 있게 하는 것이 가장 중요하다는 생각을 하게 된 것이다.

노사 간 대립이 심화되고 있던 그 당시, 경영자는 노

동자에게 회사 상황을 가능하면 알리지 않는 것이 일반적이었다. 그런 시대였음에도 불구하고 나는 오히려 경영 실태를 전 직원에게 일체 숨기지 않고 전면 공개해 모두가 회사 상황과 또 경영자인 나의 생각과 고민을 이해할 수 있도록 하려고 최선을 다했다. 모두가 회사의 실태와 문제점을 이해할 수 있게 되면, 경영자인 나의 고민과 직원들의 고민이 공유화되면서 결국 직원의 경영자 마인드를 더 높이는 데 기여할 수 있다고 생각했기 때문이다.

전 직원이 보람과 성취감을 갖고 일하다

아메바 경영 체제 하에서는 회사를 소집단으로 구분해 리더가 중심이 되어 멤버 전원이 경영에 직접 참가한다. 이 과정에서 나는 각 아메바 및 회사 전체의 경영 상황에 관한 주요 정보를 조례 등을 통해 전 직원에게 단 하나도 숨김없이 공개했다. 이처럼 회사의 정보를 가능하면 전면 공개함으로써 전 직원이 자주적으로 경영에 참가하는 토양이 마련되면서 이른바 '전원 참가형 경영'이 가능해졌다.

전 직원이 적극적으로 경영에 참여해 각각의 입장에서 자신들의 역할과 책임을 자주적으로 다하기 위해 노력하게 되면, 이 시점에서 직원들은 그저 노동자가 아니라 함께 일하는 파트너가 되면서 경영자로서의 의식을 갖게 된다. 그렇게 되면 자신들의 책임을 다하기 위해 노력하는 것에서 일의 기쁨과 성취감을 가질 수 있다. 즉 직원들은 '진정한 의미의 노동'을 만끽하게 된다는 것이다. 서로 함께 회사에 공헌하고자 하는 하나의 목적을 가지고 업무에 임함으로써 보람을 실감하면서 일하는 것이 가능하다.

직원 한 사람 한 사람이 각각의 영역과 입장에서 자신의 아메바를 위해 또 회사 전체를 위해 공헌하고자 한다. 나아가 아메바 리더와 멤버는 스스로 목표를 세워 이를 달성하는 것에서 보람을 느낀다. 이렇게 되면 전 직원이 자신의 일에 기쁨과 보람을 찾을 수 있게 되면서 최선을 다해 노력한다. 결국 직원은 개인의 능력을 최대한으로 높이고 또 '자기 완결적인 노동'을 통해 진정한 인간으로서 성장할 수 있게 되는 것이다.

전 직원이 회사의 발전을 위해 힘을 합쳐 경영에 참여하고 또 보람과 성취감을 가지면서 노동에 임할 수 있도록 하는 '전원 참가형 경영'. 이것이 바로 아메바 경영을 시행하는 세 번째 목적이다.

2장

경영에는 철학이
있어야 한다

경영에는 철학이 있어야 한다

1

하나의 사업으로 성립되도록 세분화하라

회사를 경영함에 있어서 아메바 경영을 실천해나가기 위해 반드시 필요한 몇 가지 요건이 있다. 그중에서도 아메바 경영을 이해하는 데 있어서 특히 중요한 점들을 언급하고 또 이에 관해 설명하고자 한다.

세분화가 무조건 좋은 것은 아니다

맨 처음으로 언급하고자 하는 그 요건은, 아메바 경영의 성패를 결정짓는 것이라 해도 과언이 아니다. 그것은 바로 복잡한 회사 조직을 어떻게 세분화할 것인지 하는 문제다. 조직을 세분화한다는 것은 회사의 사업 실태를 제대로 파악해 반드시 그 실태에 근거해 이뤄져야만 하는 작업이다. 나는 조직 세분화를 위해 세 가지 조건이 충족되어야 한다고 생각하고 있다.

첫 번째 조건은, 세분화하고자 하는 아메바가 독립채산 조직으로 성립되도록 '명확한 수입이 존재하고 또 그 수입을 얻기 위해 필요한 비용을 산출할 수 있어야 한다' 는 것이다. 독립채산제를 시행하려면 자체적으로 수지 계산을 할 수 있어야 하는데, 이를 위해선 독립시키고자 하는 조직의 수입과 비용을 확실하게 파악하지 않으면 안 된다. 바로 이것이 조직을 세분화하는, 즉 아메바를 생성시키는 데 있어서 반드시 충족돼야 하는 첫 번째 조건이다.

두 번째 조건은, '최소 단위 조직인 아메바는 하나의 비즈니스로서 자기 완결적인 단위가 되어야 한다' 는 것이다. 다시 말해 아메바가 하나의 독립적인 사업체로 성립되기 위한 최소한의 기능을 가진 단위여야 한다는 것. 아메바가 하나의 독립적인 사업체로 성립돼야만 비로소 아메바 리더는 자신의 사업체를 위해 진정으로 고민할 수 있게 되는 것이며, 또 일에 대한 보람도 느낄 수 있게 된다. 그래서 아메바는 하나의 사업체로서 자기 완결적일 수 있는 단위여야 하는 것이 매우 중요하다.

세라믹 제조 부문을 예로 들어 설명해보겠다. 교세라의 제조 부문에서 가장 먼저 하나의 아메바로 독립시킨 것은 원료 부문이었다. 이는 제조 부문 중에서 최초의 공정에 해당되며 원료를 만드는 작업을 담당한다. 이와 같은 원료 공정을 하나의 아메바로 독립시키려 했을 때, 사실 내게는 '사업체로서 자기 완결적인 단위'여야 한다는 조건을 고려해 조직을 지나치게 세분화하는 것은 아닐까 하는 걱정이 있었다. 바로 그때 내 머릿속을 스쳐지나간 것은 당시 교세라와 같은 세라믹 업체에 완성된 원료를 판매하고 있는 업체가 있다는 사실이었다. 원료의 조합調合을 전업으로 하는 회사가 있다는 것은 교세라에서도 원료를 싸게 들여와 조합하고 다음 공정인 성형成形 공정에 판매하는 비즈니스가 독립적인 사업으로서 확실히 성립될 수 있다는 것을 의미했다. 나는 생각 끝에 원료 부문을 과감하게 아메바로 독립시키기로 결심했다.

원료 부문의 다음 공정인 성형 공정과 관련해서도 임가공 하청 형태로 성형 작업을 하는 회사가 많이 있다는 것을 인식했다. 당시 기계와 재료를 모두 지급받아 가공 작업만 하는 임가공을 업으로 하는 회사가 많았다. 교세라에서도 성형 부문의 아메바가 원료 부문의 아메바로부터 마진이 생길 수 있는 수준의 가격으로 원료를 구입해 성형 작업을 한 것을, 이번에는 소성燒成 부문에 마진이 생길 수 있는 수준의 가격으로 판매하고자 한다 했을 때, 이는 분명히 독립채산 부문으로서 성립될 수 있다고 생각했다. 이런 생각 끝에 나는 회사 조직을 독립적인 사업체로 성립될 수 있는 최소한의 단위로까지 세분화했던 것이다.

그러나 아메바라고 하는 것은 세분화하면 할수록 좋은 것이 결코 아니다. 조직을 지나치게 작게 쪼개면 작은 조직이 난립하게 되면서 불필요한 비용이 발생할 수 있다. 아메바 경영의 경우 앞서 언급한 첫 번째 조건과 관련해서도 설명했듯이 각 아메바의 수입과 비용을 명확하게 파악하지 않으면 안 된다. 이 때문에 아메바 간 가격을 결정하거나 품질 문제가 발생했을 때의 대응 방식을 결정해야 하는 등 오히려 그 운영상 번잡해지는 경우가 많다.

나아가 아메바 리더는 아무리 작은 조직이라 할지라도 그 조직의 경영자로서 보람을 느끼는 것이 매우 중요하다. 따라서 아메바 리더가 자신이 맡은 조직을 위해 진정으로 고민하면서 사업을 개선해나갈 수 있는 단위로까지만 조직을 세분화할 필요가 있다. 이러한 단위 수준을 넘어 조직을 세분화한다면 아메바 리더는 경영자로서의 사업 개선 의지를 갖지 못하게 된다는 의미다. 이와 같이 하나의 사업체로서 성립될 수 있는 단위로 조직을 세분화해야 하는 것이 아메바를 생성시키는데 반드시 충족돼야 하는 두 번째 조건이다.

세 번째 조건은, '회사 전체의 목적과 방침을 이행할 수 있도록 조직을 분할해야 한다'는 것이다. 예를 들어 하나의 아메바로서 수지를 명확하게 계산할 수 있고, 또 사업체로서 자기 완결적 단위를 갖추고 있다 하더라도 회사 전체의 방침을 이행하는 데 있어 저해 요소로 작용한다면 그 조직을 아메바로서 독립시켜선 안 된다.

그 이유는, 조직을 복수의 아메바로 세분화해나가면 회사 내에서 조화를 이뤄야(통합돼야) 할 기능들이 뿔뿔이 흩어지게 되면서 회사의 사명을 제대로 감당할 수 없게 되는 경우가 있기 때문이다.

예를 들어 설명해보자. 내가 창업한 교세라와 같은 수주 생산 업체의 영업 부문의 경우, 덩치가 커진 전체 조직을 쪼개서 고객 기업으로부터 주문을 받으러 가는 수주 부문, 제품의 납기를 관리 및 운영하는 납기 관리 부문, 나아가 청구서를 발행해 대금을 회수하는 대금 회수 부문과 같은 독립채산이 가능한 부문으로 세분화할 수도 있다. 가령 영업 부문 전체가 매출의 10%를 수수료 수입으로 챙길 수 있다고 하면, 수주 부문은 수주하면 매출의 5%, 납기 관리 부문은 매출의 3%, 대금 회수 부문은 매출의 2% 식으로 영업 부문 전체 수입을 나눠 확보함으로써 이 세 부문은 각각 독립채산으로 운영할 수 있게 된다.

그러나 이런 상황에서는 영업 부문으로서 고객에 대해 일관된 서비스를 제공하지 못하게 되는 경우도 발생한다. 예를 들어 A회사, B회사, C회사와 같은 대형 고객과 거래를 할 경우 영업 부문은 수주만 잘하면 되는 것일까? 그렇지 않다. 납기 관리도 해야 하고 납품도 해야 하며, 품질 문제 등과 관련한 클레임에 대한 대응도 해야 하고, 나아가 대금 회수도 하지 않으면 안 된다. 이와 같은 중층적인 역할을 개별적인 영업 아메바가 담당한다면 교세라는 고객에게 일관된 서비스를 제공할 수 없게 된다. 그와 같은 상황에서는 교세라의 방침인 '고객 제일주의'에 맞는 영업이 불가능해지기 때문에 무조건 영업 조직을 세분화하는 것은 오히려 부작용을 초래하게 된다는 것이다.

이처럼 '아메바'라고 하는 것은 세분화할 수 있다고 해서 무조건 작게 쪼개면 쪼갤수록 좋은 그런 단순한 것이 아니다. 즉 회사 전체의 방침을 관철시킬 수 있는 단위로까지만 세분화해야 한다. 바로 이것이 아메바를 생성시키는 데 있어서 반드시 충족돼야만 하는 세 번째 조건이다.

이 세 가지 조건을 충족했을 때 비로소 하나의 아메바를 독립시킬 수가 있다. '아메바 조직을 어떻게 만들어 나갈 것인가 하는 문제는 아메바 경영의 출발점이자 종착점'이라고 표현해도 과언이 아니다. 즉 아메바 조직을 제대로 구축하는 것은 아메바 경영의 요체다.

늘 조직을 재검토하다

그런데 조직을 세분화해 복수의 아메바를 한 번 만들면 그것으로 끝나는 것일까? 그렇지 않다. 아메바 경영의 장점은 경제 상황, 시장, 기술 동향, 경합을 벌이고 있는 동종 타사 등의 급속한 변화에 대해 아메바 조직을 매우 유연하게 변형시켜, 이에 즉각 대응할 수 있게 하는 것에 있다. 기업을 둘러싼 환경은 끊임없이 변화하는 것이어서 시장의 변화와 동종 타사의 움직임에 따라 그때그때의 상황에 맞는 조직을 구축해야 할 필요가 있다. 경영자와 아메바 리더는 지금의 사업을 둘러싼 환경 및 회사 방침과 현재의 조직이 얼마만큼 정합적인지를 늘 체크해야 할 필요가 있다는 것이다.

20년 전 교세라의 사례를 들고자 한다. 당시 이토 켄스케 사장(현재 고문)의 아이디어로, 교세라는 '물류사업부' 라는 새로운 조직을 만들었다. 그 전까지만 해도 제품의 발송은 각 공장 경영관리 부문이 업자에 위탁해왔었다. 그런데 이토 사장의 아이디어가 계기가 되어 잘 생각해보니 일반적으로 '배송업'을 독립적인 사업으로 하고 있는 회사도 많이 존재하고 있음을 알아차리게 되었다. 그래서 교세라 내부의 모든 배송 업무를 취합해 이를 총괄하는 하나의 사업부를 만들어 독립시켰다. 그렇게 했더니 그 부문의 채산은 날로 향상되었고 동시에 회사 전체의 운송비 역시 대폭 줄어들었다. 이 사업부를 만들기 전의 각 공장에서도 운송비를 꽤 엄격하게 관리하긴 했으나, 그럼에도 불구하고 불필요한 경비를 지출하고 있었던 사실이 물류사업부 탄생 이후 명확히 드러났던 것이다.

이 물류사업부는 교세라를 창업하고 30년이 지난 후 채산 사업으로 독립시킨 조직이었다. 그런데 이 사업부가 거둔 일정한 성과로 인해 나는 교세라에는 이 부문 외에도 독립적인 사업체로서 아메바화해야 할 부문들이 더 있을지도 모른다는 생각을 하기 시작했다. 그래서 나는 늘 회사 전체 조직을 새롭게 생각해보게 되었다. 최고경영자는 이와 같은 경영 효율화의 관점에서 회사 전체 조직을 항상 재검토하지 않으면 안 된다.

또 다른 하나의 예로, 최근에도 이와 비슷한 일이 있었다. 교세라 내 한 사업부의 제조 부문에서는 수주량 변동이 심해 생산량도 큰 폭의 상하운동을 보이고 있었다. 그럼에도 이와 같은 변동의 정도만큼 경비와 노동 시간을 줄이지 못했고, 결국 적자 구조로 전락해버리고 말았다.

그때 교세라 사업부장은 이 제조 부문의 채산 단위가 충분히 세분화되어 있지 않았던 것을 알아차리고 조직을 더욱 세분화하는 개혁을 단행했다. 그 결과 채산 내용의 상세한 내역이 명확해졌고 또 채산 개선을 위한 과제를 정확하게 파악할 수 있게 되었다.

그 후 아메바 멤버 전원이 지혜를 짜내 그 과제를 하나씩 해결해나갔다. 지금 그 제조 부문의 이익률은 다른 사업부를 압도적으로 능가하는 수준을 보이고 있다.

그 부문의 한 아메바에 소속되어 있던 젊은 여직원은 그 당시를 회상하며 "적자에서 벗어나기까지 꽤 힘들었지만, 모두가 서로 격려하면서 개선 프로젝트에 몰입했습니다. 멤버들의 지혜를 모을 수 있었고 또 주위 사람들의 적극적인 협력이 있었기 때문에 목표를 달성할 수 있었습니다. 그러한 협력 관계를 지탱해줬던 것은 바로 서로 신뢰하는 인간관계였던 것입니다" 하고 경영자 투로 내게 얘기를 해줬다. 결국 채산 단위를 세분화하는 것은 멤버들이 조직의 채산 상황을 그 세부까지 볼 수 있게 함과 동시에 멤버의 경영자 의식 역시 높이게 하는 것이다.

이와 같이 기존의 아메바라 할지라도 이를 더욱 세분화하거나, 아니면 역으로 지나치게 세분화한 것을 다시 통합해 하나로 만드는 식으로 조직을 늘 재검토하는 것이 필요하다. 아메바를 항상 최적의 조직으로 구성하고 또 재구성하는 것은 매우 중요하며, 이에 실패하게 되면 아메바 경영이 갖는 의미가 상실될 수밖에 없다. 회사 조직을 끊임없이 '새롭게' 생각해보는 것은 그만큼 중요한 일이다.

'아메바 조직을 어떻게 나눌 것인가 하는 문제야말로 아메바 경영의 출발점이자 종착점'이라 한 것은 바로 이 때문이다. 앞에서 언급한 세 가지 조건을 토대로 그

때그때의 사업 상황에 정합적인 조직을 만들어나가는 것, 이는 아메바 경영의 핵심이자 고수익 기업의 조건 이다.

2

아메바 간의
가격 결정

제조업의 경우 공정별로 아메바 조직을 구축하면, 아메바 간에 물건을 매매할 수 있게 된다. 이러한 상황 하에서는 당연히 가격 결정이 필요해지기 때문에 각 아메바 간의 거래 가격을 설정하지 않으면 안 된다. 각 아메바는 자신의 채산을 조금이라도 올리려 하기 때문에 어떻게 가격을 설정하느냐 하는 문제는 아메바 리더에게 있어 큰 관심사일 수밖에 없다.

각 공정 간의 가격을 설정하기 위해서는, 먼저 고객에게 판매하는 최종적인 가격으로 거슬러 올라가 생각할 필요가 있다. 예를 들어 한 세라믹 제품이 원료 부문, 성형 부문, 소성 부문, 가공 부문과 같은 공정을 거쳐 만들어진다 하자. 그렇다면 아메바 간의 거래 가격은 수주 금액을 토대로 최종 공정인 가공 부문에서 소성 부문, 성형 부문, 원료 부문의 순서로 할당 책정된다. 그러나 각 공정 간 매매 가격이 이 정도 수준이어야 한다는 객관적 기준은 수주 가격에만 적용되는 것이기 때문에 아메바 간 가격 설정에 충분한 주의를 기울여야 할 필요가 있다.

공정한 판단이 필요하다

그렇다면 아메바 간 거래 가격은 어떻게 결정하는 것일까? 먼저 최종적인 가격으로 거슬러 올라가서 각 공정의 가격을 결정하는데, 한 제품의 가격이 결정되면 그 제품을 제조하는 데 필요한 각 공정에서 거의 비슷한 수준의 '시간당 부가가치(아메바 지표. 상세한 내용은 4장 참조)'를 챙길 수 있도록 아메바 간 가격을 결정하는 것이 원칙이다. 이 제품은 고객에게 이 가격으로 팔기 때문에 '최종 공정인 가공 부문에서는 이 정도로, 소성 부문에서는 이 정도로, 성형 부문에서는 이 정도로' 하는 식으로 원료 부문으로까지 거슬러 올라가 각 아메바 간 매매 가격을 결정해나간다.

이때 어떤 부문에서는 비싼 판매 가격을 매겨 채산이 충분히 유지되는 데 반해 어떤 부문에서는 판매 가격이 낮아 아무리 열심히 해도 채산이 맞아떨어지지 않는다면, 아메바 간 불공평 문제가 나타나게 되면서 서로 싸울 수밖에 없다. 이와 같은 상황이 발생하지 않도록 가격을 결정할 때는 최종적인 판단을 내리는 최고경영자가 누가 봐도 납득할 수 있는 공정한 가격을 매겨야 한다. 아메바 간 가격을 판단하는 사람이 어떤 부문에 어느 정도의 비용이 발생하는지, 어느 정도의 노동 시간이 소요되는지, 어느 정도의 기술적 어려움을 갖는 제품인지, 동종 제품의 시장 가격과는 어느 정도 차이가 나는지 등을 제대로 파악해 공정하게 가격을 결정하지 않으면 안 된다. 즉 아메바 간 매매 가격을 판단하는 사람은 항상 공정하며 또 모두를 설득할 수 있을 만큼의 견식을 갖춰야 한다는 것이다.

이와 같이 공정한 판단을 내리기 위해선 가격을 결정

하는 최고경영자가 노동의 가치에 대한 '사회적 상식'을 갖출 필요가 있다. 여기서 사회적 상식이란 노동 가치에 대한 상식이다. 예를 들어 전자기기를 판매하는데 있어서는 몇 %의 이익을 취해야 하는지, 이 일을 담당하는 정규직 직원과 아르바이트 직원의 시급은 얼마여야 하는지, 이 작업을 외주로 돌리면 그 비용은 얼마나 소요되는지 하는 문제에 대해 평소 공부하고 고민하며 또 숙지해둬야 할 필요가 있다.

왜 이와 같은 지식이 필요한지에 관해선 다음의 예시를 통해 생각해보자. 가령 당신의 회사가 부가가치가 높은 하이테크 제품을 생산한다고 하자. 그 제품 공정 중에는 고도의 기술을 필요로 하는 공정이 많지만 그중에서 하나의 단순 작업을 중심으로 하는 공정을 담당하는 아메바 A가 있다고 하자. 회사 내 매매에 있어서 원칙대로 그 제품을 만드는 각 공정의 아메바가 같은 수준의 시간당 부가가치를 기록할 수 있게 한다면, 원래 부가가치가 높은 제품이기 때문에 모든 공정에서는 높은 수준의 시간당 부가가치를 챙기는 것을 염두에 둔 가격 결정이 이뤄지게 된다.

그렇게 되면 단순 작업이 많은 아메바 A마저도 높은 수준의 시간당 부가가치를 챙기고자 하게 되는데, 그럴 경우 그 작업을 외주로 돌렸을 때의 비용과 비교해보면 아메바 A가 챙겨가는 몫은 상대적으로 꽤 커지게 된다. 만약 아메바 A의 작업 단가가 다른 회사의 같은 공정에 비해 매우 높은 수준이기라도 하면 이 아메바는 노력을 하지 않아도 크게 벌게 된다. 반면 다른 공정의 아메바 B는 높은 기술력을 필요로 하며, 또 앞으로도 계속적으로 설비 투자를 해야 하는 등 여러 가지 비용이 소요되기 때문에 보다 많은 부가가치를 할당해줘야 할 필요가 있다고 하자. 이와 같은 경우 아메바 A가 폭리를 취하지 못하도록 세간의 상식을 갖춘 최고경영자가 아메바 A의 판매 가격을 상식적으로 납득할 수 있는 선에서 조정해줘야 한다.

이처럼 아메바 간의 가격 결정은 각 아메바의 노동의 질을 잘 파악하고 있는 최고경영자가 그 아메바에 소요되는 경비와 노동 시간을 사회적인 상식에 의거해 정확하게 평가하고, 또 그에 맞는 판매 가격을 공평하게 결정하는 과정에 의해 이뤄져야 하는 것이다.

3

아메바 리더에겐
경영철학이 필요하다

회사 이익을 훼손시키는 이해관계 대립

최고경영자가 사회적 상식에 입각해 아메바 간 매매 가격을 공평하게 설정했다 하더라도 아메바 간 이해관계가 대립되면서 분쟁이 발생하는 경우가 있다.

예를 들어 애초 아메바 간 공평하게 가격이 설정되어 있던 제품이 있었다고 하자. 그런데 2개월 후 동종 타사와의 치열한 경쟁으로 그 제품의 가격이 10% 내렸다고 하자. 이와 같은 경우 전 아메바 간 가격을 일률적으로 10%씩 내릴 수 있다면 좋겠지만, 아메바는 각기 자주적이고 독립적인 경영을 하기 때문에 각 아메바의 상황은 서로 다를 수밖에 없다. '지금까지의 가격으로도 꽤 고생해왔는데, 여기서 또 10%나 가격을 내리게 되면 채산이 악화되어 생산을 해야 할 의미가 없어진다. 더 이상 우리에게 그 주문은 필요 없다'라며 불만을 토로할 아메바도 반드시 나오게 되어 있다. 이렇게 되면 일률적인 10% 가격 인하는 곤란해진다.

아메바 리더는 자신이 속한 부문의 경영에 대한 책임을 지면서 아메바 간 매매 가격을 조정하기 때문에 채산을 악화시킬 정도의 가격 인하를 쉽게 받아들일 수 없다. 조금이라도 가격 인하에 따른 부담을 줄이기 위해 서로 자기의 입장을 강고하게 주장하기 때문에 싸움으로 번지는 경우도 있다.

아메바 경영에서는 각 아메바 리더가 모든 멤버들을 위해 자기 부문의 채산을 어떻게든 높일 수 있는 방법을 고안한다. 그래서 조금이라도 많은 이익을 내려고 집착하게 되는데, 이 집착이 과해지면 아무래도 자기 아메바의 채산만을 고려하는 이기적인 경향이 나타날 수밖에 없다. 그러나 자기 아메바의 이익을 최대화하기 위해 상대 아메바의 입장을 완전히 무시해버린다면 회사 내부의 인간관계는 악화될 수밖에 없다. 내부 인간관계가 엉망이 되어버린 회사치고 좋은 성과를 내는 법은 없다.

또 영업과 제조 간에도 이와 같은 대립이 충분히 발생할 수 있다. 업체에서는 '제조 부문은 영업 부문에 다 팔아넘기고 또 영업 부문은 제조 부문으로부터 다 사들이는' 형태로 제조와 영업 간 거래가 이뤄지는 경우가 일반적이다. 영업 부문이 제조 부문으로부터 제품을 사들여 모든 책임을 지고 이를 고객에게 팔려고 하는 형태다. 이 경우 영업 부문은 제조 부문으로부터 가능하면 물건을 싸게 사들여 고객에겐 가능하면 비싸게 팔아 채산을 높이려 하기 때문에 아메바 리더들은 자신의 실력과 재량에 의해 독립적인 상사商社처럼 장사를 할 수 있는 묘미가 있다.

그러나 교세라와 같은 제조 업체가 직영하는 영업의 경우, 만약 '제조 부문은 영업 부문에 다 팔아넘기고 또 영업 부문은 제조 부문으로부터 다 사들이는' 형태의 거래가 이뤄지게 되면 영업 부문은 가능하면 물건을 싸게 사들이려 할 것이고, 또 제조 부문은 물건을 가능하면 비싸게 팔려고 할 것이다. 결국 영업과 제조 간에 대립이 발생해 회사 전체의 이익이 훼손되는 경우가 생긴다. 만약 제조와 영업 중 이기주의적 경향이 더 강한 어느 한 부문이 이득을 얻지 못하는 상황에 직면하게 되면, 양자 간 대립은 더 심각해질 수밖에 없고 또 회사 전체를 마비시켜버리는 최악의 상황까지 발생할 수 있다.

당연히 그렇게 되어서는 안 된다. 그래서 영업 부문과 제조 부문이 대립하지 않도록 영업 부문이 매출을 늘리게 되면 그 매출의 10%를 수수료 명목으로 제조 부문이 자동적으로 챙길 수 있도록 하는, 이른바 커미션 제도를 도입하기로 했다. 이와 같은 영업 형태에서는 영업 부문이 실력과 재량으로 돈을 벌 수는 없다. 대신 영업은 매출만 발생하면 일정 비율의 수수료를 자동적으로 챙길 수 있게 된다.

그런데 이와 같은 형태에서는 영업 부문이 제품 판매 가격이 내려갔다 하더라도 매출만 발생하면 그 매출의 일정 비율을 수수료로 무조건 받을 수 있기에, 영업 부문이 고객의 단가 인하 요구를 너무 쉽게 받아들이는 경우가 많이 있었다. 제조 부문 입장에선 비용을 대폭 줄이는 것은 매우 어려운 일이며 또 적자로 전락할지도 모를 정도로 심각한 문제다. 그럼에도 불구하고 영업 부문은 아주 쉽게 고객의 단가 인하 요구를 받아들이는 경우가 있어 결국 제조와 영업 간에 싸움이 일어나는 경우가 꽤 있었다. 모처럼 도입한 커미션 제도로 영업 부문의 수익을 보장해줬음에도 불구하고 영업과 제조 간의 대립은 끊이지 않았다. 이와 같은 대립은 해외의 현지 판매 회사와 일본 본사 간에도 발생했다.

1968년 교세라는 미국 서부 해안에 주재원 사무소를 설치하고 그다음 해에는 현지법인인 교세라 인터내셔널KII을 설립해 실리콘밸리를 중심으로 파인세라믹 부품의 판매를 본격적으로 개시했다. 그러나 클레임과 납기 문제가 발생하기라도 하면, KII의 현지 영업 부문과 교세라의 제조 부문 간의 분쟁이 늘 발생했다. 미국의 영업 부문은 자신들의 실적이 늘지 않는 것은 일본의 제조 부문에 문제가 있기 때문이라며 불만을 토로했다. 당시는 텔렉스로 서로 연락을 주고받았는데, 미국의 영업 부문으로부터 전달된 항의 텔렉스가 일본 본사에 산처럼 쌓여 있을 정도였다.

　원래대로라면 고객으로부터의 클레임 문제 등이 발생했을 때야말로 제조 부문과 영업 부문이 일치단결해 고객의 신뢰를 회복시키기 위해 회사 전체 차원의 노력을 기울여야 하지만, 실제로 그 당시엔 일치단결은커녕 내부 대립이 심각해졌으며 이와 같은 내분이 결국 고객의 귀에까지 흘러들어가기도 했다. 미국 현지 영업 부문 직원 중에는 납기 문제 등으로 고객으로부터 몇 번이나 야단을 맞자 "이것은 일본 교세라의 제조 부문 책임입니다. 그들이 잘못 해서 이렇게 된 것입니다. 저는 몇 번이나 일본으로 텔렉스를 보냈습니다만 제조 부문이 약속을 지키지 않았습니다"라는 말을 대수롭지 않게 고객에게 전한 이들도 있을 정도였다. 자신의 체면을 살리기 위해 영업 부문이 고객 앞에서 자기 회사의 제조 부문을 비난하는 최악의 상황이었던 것이다. 그런 일이 자주 있게 되면 교세라 그룹 전체가 시장의 신뢰와 신용을 잃게 되어 두 번 다시 수주를 받지 못하게 됨에도 불구하고, 그런 어처구니없는 말을 고객에게 내뱉은 것이다. 그야말로 회사가 끝장날 판이었다.

이와 같은 회사 내부의 대립은 자기 자신을 지키려고 하는 '이기주의'에서 기인하는 것이다. 그러나 아메바 경영에서는 회사를 작은 조직으로 세분화해 독립채산으로 경영을 해나가기 때문에 먼저 자기 부문의 채산을 가능하면 높은 수준으로 유지하지 않으면 안 된다. 그래서 각 부문의 '이기주의' 문제가 쉽게 발생할 수밖에 없고 또 결국 부문 간의 인간관계가 엉망이 되기 십상이다. 다시 말해 아메바 경영 체제 하에서는 자기 조직을 어떻게든 지켜야 한다는 생각이 강해질 수밖에 없기 때문에 부문 간 분쟁이 심각해지고 결국 회사 전체의 균형과 조화가 쉽게 무너지고 마는 위험성이 상존해 있음을 간과해서는 안 된다.

리더는 공정한 심판이 되어야 한다

아메바 경영 체제 하에서 각 아메바는 타 아메바와의 경쟁을 위한 지표인 시간당 부가가치를 어떻게든 높여야 살아남을 수 있다. 그래서 각 아메바는 자신을 지키고자 하는 이기주의를 발휘하지 않으면 경쟁에서 살아남을 수 없다. 그러나 회사 전체의 총이익을 최대화하는 것이 원래의 사명이다. 개별적인 이익과 전체의 이익 간에 대립이 발생하면 갈등은 끊이지 않게 된다. 그 갈등을 극복하기 위해서는 개별적으론 자기 부문을 지켜냄과 동시에, 입장의 차이를 넘어 보다 높은 차원에서 현상을 고찰하고 또 판단할 수 있도록 하는 경영철학을 갖추는 것이 필요하다.

여기서 말하는 경영철학이란, 내가 늘 강조하고 있는 '인간의 기준에서 무엇이 옳은 것인가?' 하는 것을 판단 기준으로 하는 경영철학이다. 이와 같은 보편적인 경영철학을 회사 경영의 중심에 둠으로써 아메바는 각 아메바 간 이기주의적 갈등과 분쟁을 최소화하고 개별적 이익과 전체 이익 간의 조화를 이루려는 노력을 다하게 된다. 내가 주창하고 있는 아메바 경영이란, 이 경영철학을 기본으로 부문 간 이해관계의 대립을 해결하고 나아가 개체와 전체의 이익을 동시에 추구하고자 하는 것이다. 즉 아메바 경영은 경영철학을 기본으로 할 때 비로소 부문 간 이해관계의 대립을 극복하고 정상적으로 기능할 수 있게 된다.

한 조직의 리더는 보통 자기 주장이 강하고 또 추진력이 강한 타입의 사람이 많다. 또 나는 리더라면 자기 주장을 바탕으로 조금은 분쟁을 낼 정도의 열의도 갖춰야 한다고 강조해왔다. 그러나 회사 내부에서 이해관계의 대립이 발생해 싸움이 시작됐을 때 완고하고 또 목소리가 큰 리더가 자신의 이익을 최대화하고자 상대의 입장을 완전히 무시한다면, 회사 전체의 이익과 도덕을 지켜내는 것은 불가능하다. 그렇기 때문에 자기중심적인 행동을 취하지 않도록 자기 자신을 제어할 수 있는 높은 차원의 경영철학을 갖추는 노력을 게을리해서는 안 된다.

나아가 각 아메바 간 싸움과 분쟁이 심각해지면 그 위의 지위에 있는 리더가 적절히 중재해야 한다. 이 경우 상사가 양자의 주장을 잘 듣고 공평한 판단과 조치를 취하고, 또 그러한 리더의 중재에 대해서는 모두가 따라야 하는 것이 중요하다. 회사 내부 매매 가격을 결정하는 데 있어서는 '그건 당신이 틀렸으니 더 분발해 가격을 싸게 해줘라' 하는 식의 공정한 판단이 필요하다.

거짓말 하지 마라, 사람을 속이지 마라, 정직하라

작금의 현실을 보면, 대기업이 허위 보고와 같은 부정과 회사 업적을 실제보다 부풀려 더 잘 보이려고 하는 분식회계를 저지르는 등 불상사가 끊이지 않고 있다. 진실을 있는 그대로 보고하면 불이익에 처할 수밖에 없기 때문에 데이터를 거짓으로 꾸며 보고하거나, 사태를 숨기기 위해 부정을 저지르거나, 경영의 윤리를 지키려 하지 않는 회사가 많이 있다. 우리가 생각하는 것 이상으로 이런 회사가 의외로 많다. 이와 같은 기업은 정도의 차이는 있을지언정 일본뿐 아니라 서구에도 꽤 많이 존재하고 있다. 조직이 커지면 커질수록 부정 사건이 발생하는 법이다. 사실 뚜껑을 열어보면 전 세계 다수의 대기업에서 부패가 이미 진행되고 있을지도 모른다.

이와 같은 문제는 리더인 경영 간부가 자기중심적인 행동을 취하지 않도록 자기 스스로를 엄격하게 통제하고 다스릴 수 있는 윤리관이 결여되어 있는 것에서 기인한다. 여기서의 윤리는 아주 그럴듯한 고도의 철학이 아니라 '거짓말 하지 마라, 사람을 속이지 마라, 정직하라' 와 같은 초등학교 학생들이 배우는 아주 기본적인 윤리를 말한다.

만약 불상사를 저지른 경영자에게 '거짓말 하지 마라, 사람을 속이지 마라, 정직하라' 며 다그친다면, 아마도 모두가 '그런 것은 바보들도 알고 있다' 고 답할 것이다. 그러나 알고 있는 것과 실천하는 것은 분명히 다르다. 머리로 알고 있는 것이 실제로는 몸에 배여 있지 않기 때문에 사람을 속이는 경우가 생긴다.

일반적으로 기업이 사업을 확대하고자 할 때는 보통 머리가 좋고 장사술이 뛰어난 인재를 필요로 한다. 그래서 일류 대학을 졸업한 인재를 채용해 중요한 사업을 맡기는 회사가 꽤 많다. 그러나 '재능을 가진 자, 재능에 망한다' 라는 말이 있듯이 우수한 인재가 자신의 재능을 잘못된 방법으로 발휘한다면 어처구니없는 사고를 치기 마련이다. 재능이 좀 모자란 사람 같으면 그와 같은 심각한 사고를 치려 해도 칠 수 없겠지만, 재능이 있는 사람의 경우 재능을 옳게 사용하는 방법을 모른다면 부정을 저지르게 된다는 것이다. 머리가 좋은 사람은 부정적인 것까지도 생각해낼 수 있기 때문이다.

장사에는 분명 재능이 필요하다. 그러나 재능이 뛰어난 사람일수록 그에 걸맞는 인격을 갖추지 않으면 최악의 사고를 치고 만다. 최고경영자가 자신의 이기적인 욕망을 제어하지 못해 믿을 수 없을 정도의 부정을 저지르고 마는 사례가 끊이지 않고 있다.

장사 재능이 있는 사람은 그 재능을 가진 만큼 이기적인 욕심을 부리기 쉽다. 인간의 재능을 움직이는 것은 원래 그 사람이 가지고 있는 인격이기 때문에 자신의 욕망과 이기심을 제어하고자 한다면 우리는 재능을 움직이는 원천인 인격을 갈고닦아야 한다. 그것도, 차원이 높은 인격을 운운하기 전에 매우 기본적이고 초보적인 윤리관을 먼저 확립해야 할 필요가 있다. 지금 이세계에는 그와 같은 기본적인 윤리관마저 저버리고 있는 경영자들이 너무 많다.

아메바 경영을 고수하고 있는 교세라에서조차 아메바 리더가 자기 부문의 경영을 그 실태보다 더 좋게 보이려고 생산량을 속여 계산하는 등의 부정이 발생할 때가 있다. 아메바 리더는 실적이 좋지 않으면 그것을 솔직히 인정해야 하는 것이 그 사명이지만, 상사나 주위로부터 야단맞거나 무시당하는 것이 두려워 결과를 거짓으로 조작하는 경우가 있다. 이와 같은 리더는 리더로서 진정한 용기를 가진 자가 아니다. 리더 감이 아니라는 말이다.

교세라에서는 공정, 정의, 용기, 성실, 인내, 노력, 박애와 같은 아주 기본적인 가치관을 중시해왔다. 이와 같은 기본적인 것을 우리 회사만큼 중시하고 있는 회사는 아무리 눈을 크게 뜨고 찾아봐도 이 세상에 없을 것이다. 교세라 그룹에서 훌륭한 윤리관을 가진 인재들이 날로 늘어나고 있음에 나는 자부심을 느낀다.

리더란 인격자이지 않으면 안 된다. 내가 평소 강조하고 있는 말이다. 인격이라 하는 것은 늘 변화하는 것이다. 사람은 성공한 후 자기 자신의 인격을 돌아보지 않으면 거만해져서 결국 자기 자신을 잃어버리게 된다. 늘 자신을 통제하고 제어해 자신의 인격을 갈고닦지 않으면 고결한 인격을 유지할 수 없다. 모든 리더는 집단을 옳은 방향으로 유도하기 위해 능력이 있어야 하고, 일을 잘해야 할 뿐만 아니라 자기의 인격 수련에 최선을 다하고 마음을 갈고닦아 훌륭한 인격을 가진 사람이어야 한다. 최고경영자는 말할 필요도 없고 아메바 리더에 이르기까지 훌륭한 인간성을 갖춰야 할 필요가 있다.

교세라 철학을 경영에 활용하다

아메바 경영 중에서 교세라 철학이 가장 깊게 반영되어 있는 것은 바로 보수報酬 제도다. 어떤 아메바가 아무리 시간당 부가가치를 올렸다 하더라도 그것에 의해 급여를 대폭 올려준다던지 또는 상여금을 챙겨준다던지 하는, 즉 금전에 의해 사람의 마음을 조종하는 보수 제도를 교세라는 도입하지 않고 있다. 물론 일의 실적은 제대로 평가되어야 하고 또 장기적으로는 처우에도 반영되지만 시간당 부가가치가 좋아졌다 해서 좋아진 만큼 승급과 상여금이 늘어나진 않는다. 그 대신 아메바가 훌륭한 실적을 올리게 되면 회사에 크게 공헌했다는 이유로 서로 신뢰하는 동료들로부터 칭찬과 감사와 같은 정신적인 영예가 주어진다.

이를 회사 외부 사람들에게 얘기해주면 "아니, 그걸

로도 회사가 잘 돌아가네요" 하며 다들 의아해한다. 그러나 우리 회사에서는 교세라 경영이념 하에서 '서로 신뢰할 수 있는 동료의 행복을 위해 공헌할 수 있기 때문에 자신들이 속한 부문의 존재 가치가 있는 것이다' 라는 사고방식이 뿌리내려져 있다. 그래서 회사에 대한 공헌을 주위의 모든 이들로부터 높게 평가받고 또 칭찬받는 것을 최고의 영예로 여기게 되는 것이다. 이처럼 아메바 경영은 '전 직원의 물심양면의 행복을 추구함과 동시에, 인류와 사회의 진보 발전에 공헌한다' 라는 교세라의 경영이념이 제도로서 구체화된 경영 시스템인 것이다.

앞에서 언급했듯이 아메바 경영은 경영자와 직원 그리고 직원들끼리의 신뢰관계를 기초로 하는 전원 참가 경영이다. 전 직원이 경영에 참여하고 있기 때문에 공장에서 일하는 사람도, 고객을 방문하는 영업 담당자도 자기 자신의 목표를 향해 매진한다.

교세라에서는 모든 임직원 한 사람 한 사람이 '우리도 경영자다' 라는 의식을 가짐으로써, 보람을 느끼면서 일할 수 있어 그 성과를 동료와 함께 기뻐하고 또 서로 감사할 수 있게 된다. 이와 같이 아메바 경영은 직원들 스스로가 경영하는 기쁨을 느낄 수 있도록 하는 경영이라는 점에서 한 사람 한 사람의 노동을 존중하는 '인간 존중의 경영'이다.

실력 있는 사람을 리더로

조직을 운영해나갈 때 중요한 것은 정말 실력 있는 사람이 그 조직의 장長이 되어야 한다는 것이다. 실력 없는 인물을 온정주의 때문에 또는 연장자라는 이유만으로 리더 자리에 앉히게 되면 회사 경영은 곧바로 침체되고, 전 직원이 그 불행을 감당해야 하는 상황이 도래한다. 예를 들어 충분한 경험이 없어도 훌륭한 인간성과 능력을 가지고 있고, 또 일에 대한 열의를 가진 인물 그리고 리더가 된다면 존경받고 신뢰받을 인물을 적재적소에 배치해야만 회사는 치열한 경쟁을 뚫고 성장할 수 있다. 교세라에서는 이와 같이 '실력주의'를 원칙으로 조직을 운영해왔다. 기존 일본 기업들이 중시해온

'연공서열제'와는 전혀 다른 조직 운영방식인 것이다.

여기서 실력주의란 연령과 경력 등에 개의치 않고 정말 실력 있는 사람을 발탁해 책임이 뒤따르는 중책에 앉히고 회사를 번영의 길로 인도하도록 유도하는 것을 이른다. 발탁된 인물은 실력을 발휘해 실적을 남김으로써 장기적으로 볼 때 그 처우는 그것에 걸맞는 수준으로 챙겨받는다. 그러나 이와 같은 실력주의를 적용할 경우 다음과 같은 문제가 발생할 수 있다. 즉 실력과 인격을 갖춘 젊은 직원을 임원 등으로 발탁할 때 그 주위 선배들이 "저 녀석은 나보다 3년 후배인데, 나보다 먼저 임원이 되는 건 말이 안 된다"며 불만을 토로하거나 질투를 하는 문제가 바로 그것이다.

그런 문제를 마주하게 되면 나는 "선배 직원들은 그저 불만을 토로하거나 질투를 하는 데 그치지 말고 냉정한 자세로 본인이 그 사람 대신에 임원이 되는 것이 회사에 정말 도움이 되는가를 따져보라. 그리 생각해보면 본인이 아니라 그 사람이 지금 임원이 되는 것이 회사에 더 도움이 된다는 생각에 이를 것이다. 젊고 능력이 있는 인재가 회사를 주도할 수 있도록 하는 것은 전 직원의 행복에 플러스가 된다. 그러므로 자신보다 젊은 인재를 발탁한 것을 질투하거나 증오하지 말고 정말 진심으로 기뻐해야 하는 것 아닌가"라는 식으로 강조해 왔다. 교세라의 간부라면 연공서열을 이유로 '이번엔 내가 승진이다'라며 자기를 세우는 것이 아니라 정말 실력 있는 인물에게 회사를 짊어지고 갈 기회를 줘야 한다는 도량을 갖추고 있다. 또 그런 도량을 갖춰야만 한다.

오래된 에피소드인데, 교세라 창업 후 십수 년이 지나 회사는 주식을 상장하는 단계에까지 이르렀다. 여기서 사업을 더 확대하고자 했더니 새로운 분야를 개척해야 했고, 또 이 때문에 다양한 경험과 기술 그리고 지혜를 가진 인재가 필요해졌다. 그때 나는 회사 외부로부터도 그 임무에 걸맞는 인재를 모아야겠다고 생각해 회사를 함께 경영해온 창업 멤버 간부들과 상의를 했다.

"실은 이번에 이와 같은 인물을 우리 회사로 스카우트하려 합니다. 그것도 창업 동지인 여러분들보다 더 위의 지위에 앉히려고 합니다. 만약 여러분들이 '우리가 만든 회사인데 일면식도 없는 사람이 우리의 상사가 된다는 것은 있을 수 없다'라고 생각한다면 나는 이 스카우트 작업을 포기하겠습니다. 그러나 여러분이 '우리는 이 회사를 세계 최고로 발전시킬 것을 맹세했기 때문에 중간에 들어온 사람이 우리 위의 지위에 앉는다 하더라도 전혀 상관하지 않는다'라고 생각해준다면 나는 그 사람을 채용할 것입니다"라고 말했다.

그랬더니, 창업 동지 모두가 "그 사람이 우리들의 상사가 되어도 전혀 상관없습니다"라며 흔쾌히 승낙해줬고 결국 나는 그 인물을 우리 회사에 영입할 수 있었다.

그렇게 중도 채용된 우수한 인재가 입사 후 교세라의 성장과 발전에 크게 기여한 것은 누구나 잘 알고 있다. 교세라 창업에 참여해줬던 사람들은 '실력주의'야말로 회사 발전의 기초이자 전 직원에게 큰 이익을 가져다주는 것임을 진심으로 이해해줬다. 이 에피소드는 교세라가 지향하고 있는 실력주의의 원점을 잘 나타내주고 있다.

이와 같은 마음가짐으로 교세라에서는 회사 외부로부터도 실력과 인간성을 겸비한 인재를 영입하는 데 노력을 아끼지 않았다. 게다가 정기 채용이건 중도 채용이건 구별하지 않고, 또 학벌 등과 같은 파벌을 일체 만들지 못하게 했으며 젊은 직원이라도 능력과 덕망이 있는 인재라면 적극적으로 등용해왔다. 실력주의는 아메바 경영에 있어 매우 중요한 조직 운영 원칙이자 교세라의 성장을 받쳐주는 경영의 원칙으로 작용해왔다.

성과주의와 인간의 심리

교세라의 경영은 '실력주의'를 토대로 하고 있는 반면, 서구 기업들은 '성과주의'를 도입하고 있는 경우가 대부분이다. 서구식 성과주의란 업무 성과에 따라 보수를 크게 증감시켜 직원의 물욕에 직접적으로 호소하는 방법을 말한다. 큰 성과를 내면 큰 보수를 지급하게 되는데, 성과를 내지 못하면 보수는 줄게 되어 경우에 따라서는 해고되기도 하는 매우 건조한 인사 제도다.

　나는 오래전부터 경영자는 인간 심리에 관해 탁월한 통찰력을 가져야 할 필요가 있다는 생각을 해왔다. 성과주의는 성과를 내면 높은 수준의 보수를 손에 넣을 수 있어서 직원의 동기부여가 향상되기 때문에 단기적으로 보면 효율적인 경영 방식일지도 모른다. 그러나 업적은 늘 향상되는 것만은 아니다. 악화될 때도 반드시 있다. 사람의 마음이라고 하는 것은 아주 불가사의한 것으로, 업적이 향상되어 높은 수준의 보수를 받게 되면 자신도 모르게 그 보수 수준에 익숙해져버리게 된다. 그래서 업적이 악화되어 보수가 줄어들면, 지금까지 많이 벌었으니 이번에는 보수가 줄어들어도 상관없다고 생각하는 이성적인 사람은 거의 존재하지 않는다. 그렇게 되면 모든 직원의 사기는 꺾이게 되고 회사에 대한 불만이 쌓이게 되는 것이다. 이런 상황에서 회사 경영이 제대로 돌아갈 리가 없다.

또 회사에 따라선 '성과 배분'이라 해서 각 부문의 업적에 따라 각 부문의 보수를 올리기도 하고 내리기도 하는 회사도 있다. 이 제도를 도입하면 업적이 높은 부문의 사기는 올라가지만 업적이 나쁜 부문의 사기는 땅에 떨어지게 되어 결국 부문 간에 질투와 증오가 발생하게 된다. 이와 같이 성과주의 시스템에서는 실적이 악화되어 보수가 줄었을 경우에 많은 직원들이 불만과

증오 그리고 질투심을 가지게 되기 때문에, 장기적인 안목에서 보자면 오히려 회사 내부의 인심을 황폐하게 만들어버린다.

특히 일본인은 동질적인 민족이어서 중류의식 또는 평균 지향성이 강하기 때문에 보수나 대우에 큰 차이가 나는 것에 대해 심리적인 저항이 매우 크다. 일본 기업이 서구 식의 단도직입적인 성과주의를 도입하게 되면, 처음에는 '열심히 하면 보너스가 올라간다' 라는 인식을 가지게 되면서 조직이 활성화되는 것처럼 보여도, 몇 년도 지나지 않은 상황에서 증오와 질투에 의한 인심의 황폐를 초래하고 만다.

물론 그렇다 하더라도 모든 직원의 처우를 다 동일하게 해서는 안 된다. 모두를 위해 정말 열심히 일하는 직원도, 그렇지 않은 직원도 동일한 보수를 받게 되면 그것은 오히려 '나쁜 평등' 으로 작용하게 된다. 아메바 경영에서는 단기적인 성과로 개인의 보수를 극단적으로 차이가 나게 하지는 않지만, 모두를 위해 열심히 일하고 또 오랜 기간에 걸쳐 실적을 올린 직원에 대해서는 그 실력을 정당하게 평가해 승급, 상여, 승격 등으로 처우를 크게 개선시켜주고 있다.

누구도 흉내낼 수 없는 사업으로 만들다

흔히 제조 업체 등의 경영에 관해 얘기할 때 하이테크라 불리는 고도의 기술을 가지고 있는 기업이야말로 경쟁력이 있다고 말한다. 높은 수준의 특허를 보유하고 있거나 최첨단 기술을 가지고 있거나 하면 보통 그 회사는 경쟁력 있는 기업으로 평가된다.

특허나 첨단기술을 보유하는 것은 당연히 중요한 것이긴 하지만, 예를 들어 특허와 기술로 일시적으로 앞서나간다 하더라도 몇 년도 채 지나지 않아 치열한 경합을 벌이고 있는 동종 타사가 새로운 방법을 고안해 추격해오는 게 현실이다. 그 회사가 기술에만 의존하고 있다면 동종 타사에게 추격당했을 때 어떻게 대응할까? 하이테크 기술을 구사해 연이어 신기술을 개발할 수 있다면 문제가 되지 않겠지만 지금과 같은 기술 진보가 빠른 시대에 그와 같이 한다는 것은 매우 어렵다. 그래서 경합을 벌이는 동종 타사가 추격해왔을 때 그 회사의 우위성은 일거에 붕괴해버리고 마는 것이다.

기술적인 우위성이라 하는 것은 이와 같이 영원불변한 것이 아니다. 그래서 기업 경영을 안정시켜야겠다고 생각한다면, 예를 들어 기술적인 측면에서 압도적 우위를 보이지 못하더라도 어느 회사도 할 수 있을 것 같은 사업을 경쟁력 있는 사업으로 만드는 것이 매우 중요하다. 즉 어느 회사라도 할 수 있을 것 같은 사업을 하고 있더라도 '저 회사는 뭔가 다르다' 라는 느낌을 주는 경영을 하는 것이 그 회사의 진짜 실력인 것이다.

최근에는 교토의 대표적인 전자 부품 업체인 롬과 무라타제작소, 그리고 교세라 등이 불황 국면에서도 지속적인 성장과 높은 수준의 이익을 내는 것을 보고 '조립으로는 이제 많이 벌지 못하니, 전자 부품이나 디바이스 부문에 힘을 쏟아야겠다' 고 여기는 세트 업체가 많이 있다고 한다. 그들은 "이제 조립은 돈이 안 된다"라고 말하지만 나는 그렇게 생각하지 않는다. 조립이라는 사업은 단순히 프린터 보드 위에 부품을 탑재하는 것에 불과한 일이 아니다. 회로를 설계하고 부품을 조합해 탁월한 기능을 최종 제품에 부여해 고객에게 판매하는 매력 있는 비즈니스다. 부품을 조합한 결과 그 기능이 서로 곱해져 제품의 부가가치를 비약적으로 증대시키는 것이 세트 업체가 원래 지향해야 할 모습이다. 아이디어를 잘 내면 조립이라 하더라도 충분히 이익을 올릴 수 있다. 이와 같은 업체의 원점을 망각하고 현재 더 돈이 되는 전자 부품에 손을 대보겠다라는 식으로 하면 그런 회사는 절대 성공할 수 없다. 어떤 사업 분야건, 고객의 마음을 사로잡는 신제품을 개발하기 위해 지혜를 짜내고 아낌없이 노력을 하면 무한한 부가가치를 창출할 수 있게 되는 법이다.

이는 하이테크 산업에만 해당되는 이야기가 아니다. 일본 경제를 받쳐온 중소기업 중에는 구두, 타월, 의류 등을 생산하고 있는 기업이 아주 많다. 그러한 중소기업은 값싼 중국 수입품 등에 밀려 도산해버리는 회사도 많지만, 반면 끊임없이 독창적인 사고와 창의력을 발휘하고 누구에게도 뒤지지 않는 노력을 다해 훌륭한 경영을 지속시켜나가고 있는 회사도 있다.

이처럼 옛날부터 있던 업종에서 훌륭한 실적을 내고

있는 회사의 경우 요즘 세상에서 그 존재감이 두드러지진 않을 것이다. 그러나 평범한 작업을 멋진 사업으로 만들어내는 회사야말로 실은 비범한 회사인 것이다.

교세라 관련 회사인 KCCS 매니지먼트 컨설팅이 제공하고 있는 아메바 경영 컨설팅을 받고 아메바 경영을 도입한 기업들 중엔 오래전부터 존재했던 소박한 업종에 종사하는 기업이 많다. 그리고 이들은 아메바 경영을 도입하기 시작하면서 직원의 경영 참가 의식을 높이고 아메바 단위에까지 채산 관리를 철저하게 적용함으로써 일의 부가가치를 크게 높여 채산을 무한하게 향상시키고 있다.

이와 같이 최첨단 기술을 보유하고 있지 않더라도 평범한 비즈니스로 고수익 경영을 실현하는 것은 가능하다. 예를 들어 소박하고 평범한 업종이라 할지라도 다른 기업과 뭔가 좀 다르게 사업하는 것. 이것이야말로 아메바 경영의 목적이라 할 수 있다.

아메바
조직 만들기

아메바 조직 만들기

1

소집단으로 쪼개고
기능은 명확하게

먼저 기능을 고려하고 조직을 만들다

조직은 회사 경영의 기초가 되는 매우 중요한 요소이며 조직을 만드는 것은 경영의 근간을 이루는 것이다. 일반적인 회사에서는 이른바 '경영의 상식'이라 불리는 것에 따라 조직을 편성하는 곳이 많다. 그러나 단순히 상식에 따라 조직을 만들면 인원이 모르는 사이에 점차 늘어나 조직의 비대화 현상이 일어나기 쉽다.

　예를 들어 창업한 지 얼마 되지 않은 업체의 경우에

도, 일반적인 조직론의 상식에 따르면 제조와 연구개발, 영업뿐만 아니라 경리, 인사, 총무, 자재 등의 관리 부문이 필요해진다. 나아가 각 부문 안에 과와 계를 두게 되면 조직의 수는 더욱 늘어나 필요한 인원도 더 많아지게 된다.

그와 같은 조직의 비대화 현상을 피하기 위해서는, 회사를 운영하는 데 있어서 정말 불가결한 기능을 토대로 조직을 편성하지 않으면 안 된다. '다른 회사도 그렇게 하니까 이와 같은 조직을 만들자'라는 평균 지향적인 발상이 아니라 회사를 효율적으로 운영하기 위해 먼저 어떤 기능이 필요한지 명확하게 검토하고, 그 기능을 발휘하게 하기 위해 최소한 어떠한 조직이 필요한지 생각해봐야 할 필요가 있다. 그다음에 그 조직을 운영해나가기 위해서는 최소한 어느 정도의 인원이 필요한지 생각해야 한다.

그 예로 창업 직후의 교세라는 경리, 인사, 총무, 자재 등의 조직을 개별적으로 두지 않았다. 그 이유는 제조 업체에 있어서 정말 필요한 최소한의 기능인 제조와 연구개발 그리고 영업 이외에는 많은 인원을 투입하지 않았기 때문이다. 그래서 그 외의 다양한 업무를 담당하는 관리 부문을 하나만 두기로 했다. 이렇게 해서 불과 5~6명 정도가 제조 및 개발 이외의 모든 일을 담당하는, 즉 불필요한 조직을 완전히 없앤 날씬한 조직을 구축할 수 있게 되었다. 아메바 경영에 있어서의 조직편성은 이와 같이 '먼저 기능이 있고, 그것에 맞춘 조직이 있어야' 한다는 원칙에 따라 정말 필요한 최소한의 기능에 맞는, 군살 없는 조직을 구축하는 것에서 출발해야 한다.

모든 직원이 사명감을 가진 조직으로

교세라를 설립한 후 나는 사장이었지만 내가 직접 영업활동에 나서 고객으로부터 주문을 받았다. 그리고 내가 직접 제품을 개발해 제품 제조에도 관여하는, 즉 혼자서 수많은 역할을 해왔다. 그와 같은 경험에서 제조 업체를 경영하기 위해서는 최소한 영업, 제조, 연구개발, 관리의 네 가지 기본적인 기능이 필요하다고 생각해 다

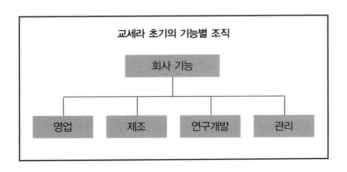

교세라 초기의 기능별 조직

회사 기능

영업 　제조 　연구개발 　관리

음 그림과 같은 조직을 구축했다.

최근의 제조 업체 중에서도 이와 같은 기능별 조직을 구축하는 곳이 많다. 그러나 그저 조직을 기능별로 쪼개는 것만으로는 불충분하다. 회사가 하나가 되어 경영을 추진해나가기 위해서는 각 조직에 귀속하는 직원이 자기 조직의 기능과 역할을 제대로 이해하고 가슴에 새겨 그 책임을 스스로 지려고 하는 사명감을 가지는 것이 중요하다.

예를 들어 영업의 역할은 수주 활동을 통해 고객으로부터 주문을 받아 제조 작업을 확보함과 동시에 고객이 만족하는 제품 및 서비스를 제공하고 대금을 회수하는 것이다. 제조의 경우 늘 고객을 만족시킬 수 있는 가격,

품질, 서비스, 납기를 충족시킬 수 있는 제품을 생산해 이익을 창출한다. 이를 위해 경쟁력 있는 제품을 제조함과 동시에 철저하게 비용을 절감해 무한하게 부가가치를 높여나가는 것이 그 역할이다.

교세라에서는 제조, 영업, 연구개발, 관리에 관한 각각의 기본적인 역할을 다음과 같이 설정하고 있다.

- 제조: 고객을 만족시키는 제품을 만들어 부가가치를 창출한다.
- 영업: 판매 활동(수주에서 입금까지)을 통해 부가가치를 창출하고 동시에 고객의 만족도를 높인다.
- 연구개발: 시장 수요에 입각한 신제품 및 신기술을 개발한다.
- 관리: 각 아메바의 사업 활동을 지원하고 회사 전체의 원활한 운영을 촉진한다.

나아가 비즈니스에는 반드시 일의 흐름이 존재하는데 그것은 복수의 프로세스에 의해 성립된다. 각각의 프로세스가 필요로 하는 기능을 충실히 발휘하면서 서로 연계해 일을 추진해나가지 않으면 경영은 결코 순조롭지 않다. 새롭게 조직을 만드는 경우도 비즈니스의 흐름을 그려 각각의 프로세스에서 필요로 하는 기능을 명확하게 추출해 비즈니스의 흐름에 맞춰 각각의 기능을 발휘해나갈 필요가 있다.

그런 다음 회사가 조직력을 발휘하기 위해서는 회사를 구성하는 각 조직 하나하나가 자신들의 역할과 책임을 깊이 인식해 어떤 일이 있어도 그것을 감당해야 한다는 강한 사명감을 가지는 것이 반드시 필요하다. 이는 얼핏 보면 당연한 것처럼 생각될 수 있지만 아메바 경영에 있어서 조직의 존재 이유가 규정되는 가장 중요한 사항이다.

조직을 세분화하기 위한 세 가지 조건

그렇다면 이와 같이 기능별로 구분된 조직을 어떻게 세분화해 아메바 조직을 만들면 되는 것일까? 각 아메바 조직은 회사 전체를 구성하는 하나의 기능을 담당하면서도 그 각각이 자주적인 독립채산으로 활동하는 조직의 단위다. 이 때문에 그저 조직을 세분화한다고 해서 모든 일이 해결되는 것은 아니다. 이것은 그리 간단한 일이 아니다. 아메바를 어떻게 구분할 것인가 하는 문제는 아메바 경영의 성패를 결정짓는 가장 중요한 것이다.

2장에서도 언급했듯이 아메바 조직을 편성하는 데 있어서는 세 가지 조건이 필요하다. 이 세 가지 조건을 충족할 수 있도록 조직을 세분화해야 한다.

- 조건 1: 아메바가 독립채산 조직으로서 성립되는 단위여야 할 것. 즉 아메바의 수지가 명확하게 파악되어야 할 것.
- 조건 2: 하나의 비즈니스로서 자기 완결성을 갖춘 조직이어야 할 것. 즉 리더가 아메바를 경영하는 데 있어, 창의적인 아이디어를 발휘할 수 있는 여지가 있어야 하며 또 보람을 가지고 사업에 임할 수 있어야 할 것.
- 조건 3: 회사 전체의 목적 및 방침을 수행할 수 있도록 조직을 분할할 것. 즉 조직을 세분화하는 것이 회사의 목적과 방침을 실현하는 데 저해 요인으로 작용하지 않도록 할 것.

교세라를 창업한 후 조직을 쪼개어나갈 때 나는 가장 먼저 회사의 채산을 크게 좌우하는 제조 부문에 초점을 맞첬다. 그 당시는 오로지 전자공업용 파인세라믹 부품만을 제조하고 있었기 때문에 공정별로 채산을 따져봐야 된다는 생각으로 적은 인원으로 구성되는 공정별 아메바를 분할 및 편성해 각 아메바에 리더를 배치하고 그 경영 전반을 위임했다. 제조 부문을 다음 그림과 같이 공정별로 세분화해 공정별 소조직을 구축했다.

회사가 성장함에 따라 생산하는 품종 역시 비약적으로 늘어났다. 따라서 품종별로 아메바 조직을 구분해야 할 필요가 있었다. 또 공장이 좁아지게 되면서 시가滋賀 공장과 같은 신공장을 연이어 건립했기 때문에 공장별로 조직을 만들어야 할 필요도 있게 되었다. 이렇게 해서 공정별, 품종별, 공장별 등 다양한 조직 편성을 단행함으로써 사업 성장에 따라 아메바 조직의 수 역시 점차 늘어나게 되었다.

동시에 영업 부문도 지역별, 품종별, 고객별 등 다양한 구분 기준으로 조직을 세분화했다. 이와 같은 세분화 기조는 연구개발 부문과 관리 부문에 있어서도 동일하게 적용되었다. 이후 나는 경영의 안정과 회사의 지속

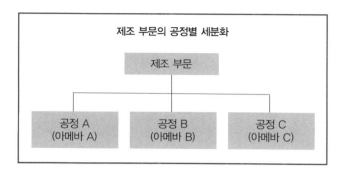

제조 부문의 공정별 세분화

제조 부문

| 공정 A (아메바 A) | 공정 B (아메바 B) | 공정 C (아메바 C) |

적 성장을 꾀하기 위해 수많은 신규 사업에 손을 대기 시작했다. 다양한 사업을 적확하게 운영해나가기 위해 사업부제를 도입해 사업의 다각화를 적극적으로 추진했다. 그 결과 현재 교세라의 세분화된 아메바 수는 무려 3,000여 개에 이른다.

경영자 관점에서 비즈니스를 살필 수 있는 조직

그렇다면 회사 경영의 관점에서 이와 같은 조직을 세분화해나가면 어떠한 이점이 있는지 살펴보도록 하자. 식료품 가게를 예로 들어 생각해보자. 가족들끼리 운영하는 식료품 가게가 있다고 하자. 이 가게 점포는 그다지 넓진 않지만 채소, 생선, 육류를 판매하고 있고 건어물, 통조림, 인스턴트식품과 같은 가공식품까지 취급하고 있다. 고객이 물건을 사면 가게 주인은 벽에 걸어놓은 자루에 대금을 넣고 자루에 있는 잔돈으로 거스름돈을 돌려준다. 하루 장사가 끝나면 가게 주인은 자루를 확 뒤집어 그날의 매출을 계산한다. 이른바 '어림셈Rough Estimate'으로 가게의 수지를 대충 계산하는 것이다.

매우 한정된 종류의 상품만을 취급하는 가게라면 이와 같은 식의 경영도 통한다. 경험이나 감각에 의존해 가게를 충분히 운영할 수 있다는 것이다. 그러나 이 가게처럼 다양한 품종을 취급하고 있을 경우 이와 같은 방식의 가게 운영으로는 경영 실태를 파악하기가 쉽지 않다. 상품의 성질이 품종별로 다 달라서 이에 따라 장사 방법도 달라지기 때문이다.

먼저 각 상품의 수명에 큰 차이가 있다. 육류의 경우 냉장고에 보관하면 당분간 괜찮겠지만, 생선은 하루 지나면 썩기 마련이고 채소는 곧 시들어버린다. 상품 수명이 다르면 가격을 책정하는 방법도 각기 달라질 수밖에 없다. 팔다 남으면 곧바로 폐기해야 하는 상품이라면 상대적으로 이익을 좀 많이 챙겨야 할 필요가 있다. 상품 수명이 길어 잘 팔리는 상품이라면 박리다매도 가능하다. 상품의 질이 다르면 장사 방법도 달라져야 하기 때문에 이와 같은 상품은 품종별로 관리해 어느 부문이 잘 팔리고 또 어느 부문이 잘 안 팔리는지, 즉 부문별 채산을 명확하게 파악해야 할 필요가 있다.

이 가게의 경우 채소, 생선, 육류, 가공식품과 같은 네 가지 부문으로 채산을 구분해 계산해볼 수 있다. 만약 부문별로 매출과 경비를 집계하는 것이 힘들다면 고객이 건네준 돈을 넣은 자루를 네 개로 구분해 벽에 걸어두면 된다. 채소를 팔고 고객에게 받은 대금은 채소 부문의 자루에 넣는 식으로 하게 되면, 각 부문의 매출을 개별적으로 계산할 수 있게 된다. 이와 같이 자루를 네 개로 구분하는 것이 중요한 포인트다. 이렇게 하면, 가게 문을 닫고 난 뒤 각 자루에 들어 있는 돈을 계산할 때 각 부문의 하루 매출량이 일목요연해지게 된다.

그러나 물건을 구매해올 때 지불하는 대금과 가게에서 발생하는 일반 경비는 절대로 자루 안의 돈으로 지불해서는 안 된다. 자루에 든 돈과는 별도로 관리하는 돈으로 지불하고 지불했다는 증거가 되는 전표를 남겨 둬야 한다. 그러면 부문별 물건 구매 대금과 그 외의 경비도 집계할 수 있게 된다. 이런 식으로 자루 속에 있는 하루 매출에서 각 물건 구매 대금을 빼고, 또 여기서 팔다 남아 버려야 하는 물건의 액수를 처리하게 되면 각 부문의 수지가 명확해진다. 오늘 하루 채소, 생선, 육류, 가공식품과 같은 각 부문에서 각각 얼마를 벌었는지를 곧바로 계산할 수 있게 된다는 의미다. 부문별로 채산을 확인해보면 '우리 가게는 지금까지 채소 장사로 돈을 많이 벌었다 생각해왔는데, 실제로는 생선 장사가 가장 큰 돈벌이였다. 이제 채소를 파는 방법에 대해 더 고민하지 않으면 안 된다' 라는 명확한 결론이 나오게 된다. 이렇게 경영의 실태와 문제점을 명확하게 파악할 수 있게 됨으로써 곧바로 그 대책을 취할 수 있는 것이다.

게다가 '장남은 채소 담당, 차남은 생선 담당…' 식으로 책임 분담을 확실히 정해놓으면 보다 미세한 경영관리가 가능해진다. 경험이 일천한 젊은 청년이라 할지라도 가게의 각 분야를 자신이 독립적으로 담당하게 되면, 자기 부문의 장사에 관한 방법을 직접 고안하지 않을 수 없다. 채소의 경우 각각의 채소가 오늘 얼마만큼 팔릴지를 예측해 사들여 오게 되고 또 채소가 시들지 않도록 가끔 물을 뿌리거나 하게 된다. 저녁에 팔다 남은 채소를 '오늘의 특가' 등으로 싸게 판매 하는 등 잘 안 팔렸던 부문에서도 앞으로 더 잘 팔리게 하기 위한 다양한 아이디어를 구사하게 된다.

이는 재고를 생각하지 않고 단순화한 예인데, 부문별 채산을 정확하게 파악하면 이른바 '어림셈'으로는 보이지 않았던 경영의 실태가 보이기 시작한다. 이렇게 하면 '어느 부문에서 개선을 해야 하는지', '앞으로 어느 부문에 더 많은 힘을 쏟아부어야 할지'를 파악할 수 있게 되면서 앞으로의 장사 포인트가 일목요연해지는 것이다.

즉 조직을 세분화할 때에는 경영자의 관점에 서서 어떤 단위로 채산을 파악하면 경영의 실태가 보다 명료하게 보일 것인가 하는 것이 열쇠다. 경영자가 회사라고 하는 배를 운항하는 데 있어 배 전체의 움직임을 한눈에 파악할 수 있도록 그 경영자의 관점에 선 조직 편성을 단행해 각 부문의 실태를 쉽게 또 명확하게 파악하는 것이 중요하다.

젊은 인재를 리더로 발탁하고 육성하다

조직을 작게 쪼갤 경우 당연히 그 아메바를 운영해나갈 리더가 필요해지기 때문에 리더를 어떻게 선정해야 하는지 하는 문제에 직면하게 된다. 특히 인재가 부족할 경우에는 조직을 작게 쪼개면 쪼갤수록 누구를 리더로 임명해야 할지를 놓고 꽤 고민을 하게 된다. 물론 적당한 리더가 없음에도 불구하고 어떻게든 조직을 세분화해야만 한다는 것은 어불성설이다. 리더가 될 수 있는 인재가 부족할 경우에는 현재의 인재로 운영할 수 있는 범위에서 조직을 세분화하는 것도 고려될 수 있다. 또 조직을 세세하게 쪼개 일시적으로 상위의 부문장과 다른 아메바 리더가 겸무하는 방법도 고려할 수 있다.

그러나 아메바 경영의 목적 중 하나는 경영자 의식을

가진 인재 육성에 있다. 예를 들어 현 단계에서 충분한 경험과 능력을 가지고 있지 않더라도 리더가 될 수 있는 가능성을 가진 인재를 발굴해 그 인재에게 아메바 리더를 맡기는 것이 중요하다. 그럴 경우 리더에게 경영을 완전히 맡기지 않고 새로운 리더를 지도하고 감독하는 입장에 있는 사람이 그의 부족한 부분을 지도해 육성해나가야 한다. 즉 아메바의 책임자가 되어야 할 인재가 부족할 경우에는 조직을 원래의 계획대로 세분화하고 전도유망한 리더를 발탁해 육성해나가는 것이 중요하다.

나는 신규 사업을 시작할 때는 '인재야말로 사업의 원천이다'라고 생각했다. 그래서 그저 비즈니스 기회가 왔다는 것만으로 새로운 사업에 착수한 적이 없다. 신규 사업을 맡기에 적합한 인재가 회사 내부에 있는지 없는지를 잘 파악한 후에, 또는 회사 내부에는 없어도 외부에 그 적임자가 있어 그 사람이 우리 회사에 와줄 수 있는지 여부를 타진한 후에 신규 사업을 본격적으로 착수해왔다. '적절한 인재가 있기 때문에 새로운 사업에 진출한다'가 나의 철칙이다.

아메바 경영에서는 조직을 세분화하기 때문에 장래가 촉망되는 새로운 리더를 등용하기 때문에 설사 사업이 순조롭게 진행되지 못했다 하더라도 회사의 기반을 무너뜨릴 위험성은 아주 작다. 그래서 경험이 좀 부족해서 약간 불안하게 느껴지는 인재라 할지라도 리더로 적극적으로 등용한다. 그들에게 경영자로서의 자각과 경험을 쌓게 하는 것이 무엇보다 중요하다.

조직을 나누고 사업을 확대하다

교세라의 부품 사업은 이전에 제조 부문과 영업 부문이라는 두 개 조직으로 구분되어 있었다. 그 후 제조 부문은 파인세라믹 부품, 반도체 부품, 전자 부품 등으로 구분됐던 반면에 영업은 파인세라믹 영업을 위한 조직 하나밖에 없었다. 그때 지방 영업소 등 인원이 적은 영업소에서는 각 영업 담당자가 각 사업본부의 제품을 전임으로 담당하는 경우와 한 명의 영업 담당자가 모든 부문의 제품을 겸임해서 담당하는 경우도 있었다.

예를 들어 파인세라믹 사업본부와 반도체 부품 사업본부 그리고 전자 부품 사업본부의 담당 영업이 각각 존재해 이들이 같은 고객에 대해 개별적으로 영업한다고 하자. 그러면 고객의 입장에서는 '세 사람의 영업 담당자가 오긴 하지만, 한 사람이 담당해주는 것이 우리로선 대응하기 쉽다'라고 여길지 모른다. 분명히 겸임 영업 담당자를 두는 것이 효율적으로 보이는 것이 사실이다.

그러나 영업 담당자를 한 명으로 통합하게 되면 쉽게 주문을 받아낼 수 있는 제품에만 주력하게 되는 치명적인 약점이 발생한다. 그 영업 담당자 입장에선 어느 사업본부의 제품이라도 수주만 받으면 그만이기 때문이다. 따라서 노력과 시간을 필요로 하는 신규 고객과 신시장 개척을 위한 노력을 게을리하게 된다. 그러나 독립채산을 취하고 있는 각 제조 부문은 각각 주문을 확보하지 않으면 사업을 영위해나가는 것이 어려워진다. 원래대로라면 사업본부별로 전임 영업 담당자를 두면 좋지만 아직 수주 규모가 그리 크지 않다는 문제가 이를 가로막을 수 있다.

이와 같은 경우 사업본부별로 전임 영업 담당자를 둬야 할 것인지, 아니면 업무 효율을 우선시해 겸임 영업 담당자를 둬야 할 것인지를 판단하는 것은 아주 어려운 작업이다. 그러나 업무 효율에만 집착한다고 해도 매출이 계속해서 늘어나지 않는다면 아무 소용이 없다. 가령 당장의 수주 규모가 작다 하더라도 전임 영업 담당자를 두고 대규모 수주로 연결시키는 것이 더 중요하다.

따라서 아메바 경영이 부문별로 매출을 늘려 독립적으로 채산을 늘려나가는 것을 원칙으로 하고 있음을 생각하면, 얼핏 불필요하게 보일 수 있으나 영업 조직을 각 부문별로 구분해야 할 필요가 있다. 조직을 세분화할 수 있을 때에는 경비가 다소 늘어난다 하더라도 이를 상회하는 수주, 매출, 채산을 올려 각각의 사업을 확대해나가는 것을 적극적으로 의식해야 한다.

2

시장에 유연하게
대응하는 조직

당장 싸울 수 있는 조직을 만들다

이렇게 편성한 아메바 조직을 유지 및 운영해나가는 데
있어서 주의해야 하는 점이 몇 가지 있다. 먼저, 아메바
경영의 목적 중 하나인 '시장에 직결된 부문별 채산 제
도'를 실현하기 위해서는 조직을 세분화하는 것뿐만 아
니라 아메바 조직을 시장의 변화에 대해 끊임없이 즉응
시켜야 한다.

교세라는 창업 당시부터 고객으로부터 주문을 받아
제품을 생산하는 수주 생산이 주를 이뤘다. 그 때문에

시장 동향, 즉 수주에 맞춰 한정된 인재와 설비를 사용해 어떻게 하면 임기응변으로 효율적인 생산 체제를 확립할 수 있을지를 고민하는 것이 가장 중요했다.

이전에는 이런 일이 있었다. 한 부문을 맡은 리더가 "내년부터는 이런 조직으로 변경해보고 싶습니다"라며 나에게 상담 요청을 해왔다. 나는 곧바로 "부문 경영자인 당신이 자신의 조직에 문제가 있다고 확신한다면 왜 조직 변경을 다음 해로 미루는가? 다음 달부터라도 곧바로 실시하라"고 지시한 적이 있다.

우리는 급속하게 변화하는 시장을 상대로 사업을 하고 있다. 그 움직임과 변화에 맞춰 조직 체제도 유연하게 바꿔나가지 않으면 시장으로부터 외면당하기 마련이다. '지금 바로 싸울 수 있는 체제를 구축하지 않으면 경쟁에서 지고 만다'라는 위기감 때문에 나는 늘 조직을 재구성해왔다. 상황에 맞춰 조직의 형태를 끊임없이 바꿔왔다는 의미다.

실제로 경영을 해보면 쉽게 알 수 있는 것인데, 진짜 열심히 고민해 '조직을 이렇게 바꿔보자'고 생각해도 시간이 좀 지나 또 한 번 생각해보면 '이걸로는 안 될 것 같다'고 판단하게 되는 경우가 있다. 그럴 경우 회사의 방침을 너무 쉽게 또 자주 바꿔서는 절대 안 된다고 생각하는 사람도 많을 것이다. 그러나 실제로 사업을 정말 진지하게 생각하면 '조령모개朝令暮改' 식의 유연한 대응이 필요한 경우가 많다.

아메바 경영의 장점은 리더의 의지에 맞춰 현장의 멤버들이 신속히 응하는 것에 있다. 리더가 '이렇게 하는 게 좋겠다'고 하면 멤버는 곧바로 이에 맞춘다. 또 리더가 '이건 아무리 생각해도 안 되겠다. 이렇게 하는 게 좋겠다'라고 판단하면 아메바의 부하 직원에게 미안하다고 말하고 곧바로 행동에 옮길 수 있다는 것이다. 아메바 경영 하에서는 훌륭한 아이디어를 생각해내기만 하면 이를 곧바로 실행에 옮겨 효과를 낼 수 있다는 이점이 있다. 조직 변경에 있어서는 '조령모개도 필요하다'라는 전제를 깔고 사업을 다이내믹하게 전개해나가야 한다.

아메바 경영을 실천해나갈 때 경직된 조직이어선 절대 안 된다. 현재의 조직이 시장의 실태에 정합적인지 아닌지를 늘 생각하면서 임기응변으로 조직을 바꿔나가야 한다. 현재도 사업부 통합 및 분할에 있어서 회사 규모의 큰 조직에서부터 현장의 아메바 단위의 조직에 이르기까지 교세라 조직은 시장 동향에 맞춰 늘 진화를 거듭해오고 있다. 이 때문에 매월 전 직원의 이름이 들어간 조직표도 갱신되어 간부들에게 배포되고 있을 정도다. 이 조직표와 부문별 채산표가 있으면, 간부는 자기 부문의 멤버들 얼굴과 이름을 머릿속에 떠올려가며 그 활동의 상황을 명확하게 파악할 수 있게 된다.

리더는 아메바의 경영자

각 아메바 조직에는 반드시 책임자인 리더가 존재한다. 리더는 마치 중소기업의 사장과 같이 책임감과 사명감을 갖고 자신의 의지로 목표를 설정하고 경영에 임한다. 또 직원 역시 자신의 직장이기 때문에 회사를 더 좋게 만들고 싶다는 의식을 가지고 있다. 각 아메바가 자기 조직의 채산을 향상시키기 위해 경영을 개선해나가고 또 이러한 노력들이 총체적으로 축적됨으로써 회사 전체 차원에서는 큰 업적 향상을 기대할 수 있게 되는 것이다.

또 아메바 단위로까지 채산 관리가 철저하게 이뤄지기 때문에 최고경영자는 회사의 움직임을 구석구석까지 볼 수 있게 되고, 각 아메바의 사업 운영에 관해 적확한 지시와 지도를 할 수 있게 된다. 이런 식으로 아메바 경영에 임하여 말단 아메바 조직을 활성화해 회사 전체의 에너지를 최대한으로까지 끌어올릴 수 있게 된다.

자유도가 높은 조직이라 경영이념이 중요하다

아메바 조직은 소집단 독립채산제 하에서 개별적으로 활동하기 때문에 자유도가 매우 높은 조직체라 볼 수 있다. 즉 윗선의 관리 하에서 움직이는 조직이 아니라 스스로가 주체성을 발휘하며 일을 해서 자기의 능력을 높여나갈 수 있는 조직을 의미한다. 그러나 자유도가 높은 조직체이기 때문에 리더와 구성원의 회사 경영에 대한 의식, 즉 높은 수준의 도덕성이 요청되는 것이다.

1장에서 언급했듯이 아메바끼리는 회사 내부에서도 서로 매매 거래를 한다. 공정별로 물건이 흘러간다 할 때 기본 원가로 넘기는 것이 아니라 자신의 이익을 포함한 가격으로 매매한다. 그러나 그 매매를 결정할 때도 반드시 자기 아메바의 채산만을 고려하는 것은 아니다.

예를 들어 몇 단계의 공정을 거쳐 제조되고 있는 어떤 제품이 고객으로부터 큰 폭의 단가 인하를 요청받아 어떻게 해서든 판매 가격을 낮추지 않으면 안 될 경우, 그것을 어느 부문이 흡수해야 하는지 하는 문제가 발생한다. 이럴때는 각 아메바 리더들이 자기 조직의 이익만을 생각하는 이기주의를 끝내 관철시키는 것이 아니라 채산을 유지하거나 높이는 것이 다소 힘들더라도 사업 전체를 위해 판매 가격을 낮추는 것이 필요하다. 즉 상대를 배려하는 '이타심Altruism'을 가지고 회사 전체 조직 간 조화를 고려해 행동해야 한다.

여기서 한 아메바 책임자가 "알겠습니다. 우리 아메바는 그와 같은 가격으로 대응하겠습니다"라며 자청하고 나섰다 하자. 그러나 실제 비즈니스에서는 아무리

타인을 위한다 하더라도 '회사를 위해 매매 가격을 내렸다는 이유로 자기 부문(또는 자기 조직)의 채산이 계속 나빠진다' 면 실제로 회사 경영은 유지될 수가 없다. 그런 식이라면 진정한 의미의 이타심이 발휘됐다고 간주할 수 없다. 진심으로 회사와 회사 전체의 이익을 위한다면, '원래대로라면 이익이 나지 않을 이 판매 가격으로 어떻게든 채산을 올려보겠다' 라며 지금까지보다 훨씬 더 많은 노력을 각오하지 않으면 안 된다. 즉 이전에 단행하지 못한 철저한 원가 절감을 단행하겠다는 각오를 가지고 양보하는 것이 진정한 의미의 이타심인 것이다.

또 회사 외부에서 가격을 교섭하는 경우에 있어서도, 불황의 여파로 수주량이 급감하거나 동종 타사에게 주문을 빼앗기게 되면 '시장 상황이 좋지 않아 어쩔 수 없다' 며 채산을 맞추겠다는 확신과 다짐도 없이 큰 폭의 단가 인하 요구를 쉽게 들어주는 영업직원도 있다. 그러면 제조 부문은 '그런 가격으로 수지가 맞을 리 없다' 며 불만을 토로하게 되고 결국 적자로 전락해버리는 경우도 생긴다.

그러나 리더로서 교섭에 나선다면 그와 같은 무책임한 태도로 교섭에 임해서는 안 된다. 그 사업을 위임받은 사업부장이 고객의 단가 인하 요청을 받아들이고자 한다면, 어떻게 원가를 낮추고 이익을 확보할 것인지를 사전에 철저하게 검토하고 고민해야 한다. 그렇게 한 이후에 '반드시 가능하다' 라는 확신을 가지고 고객으로부터 주문을 받아야 하는 것이다. 그렇게 해서 사업부장은 제조 부문에 대해 "지금까지의 방식으로는 분명히 채산이 맞지 않겠지만 새로운 방식으로 모두 힘을 합치면 지금까지 해왔던 것 이상으로 채산을 올릴 수 있을 것이다"라고 호소하며 모두의 협력을 얻고 일치단결해 난국을 돌파해나가는 것이 중요하다.

각 아메바는 공통적인 경영이념에 따르며 하나의 회사 안에서 함께 일하는 운명공동체의 일원이다. 따라서 각 아메바 리더는 자신의 입장을 명확하게 주장하면서도 '이기심' 을 버리고 회사 전체의 이익을 생각해 인간으로서 옳은 판단을 내려야 한다. 아메바 리더는 이와 같은 덕목을 우선시한 후에 자신의 아메바와 회사 전체 간의 일체감을 유지하면서 개별적인 채산을 추구해나가야 한다.

이처럼 공유하지 않으면 안 되는 보편적인 경영철학, 경영이념, 가치관이 그 집단의 근저에 흐르고 있기 때문에 조직이 작은 규모로 세분화된다 하더라도 회사 전체는 마치 하나의 생명체와 같이 기능할 수 있는 것이다.

3

아메바 경영을 받치는
경영관리 부문

여러 번 언급했듯이, 아메바 경영이란 내가 교세라를 경영해오면서 경영이념을 실현하기 위해 창안한 '경영관리 시스템'이다. 이와 같은 경영관리 시스템의 베이스가 되는 사상, 기법, 시스템을 유지하고 관리하며 나아가 진화 및 발전시키는 역할과 책임을 다하기 위해 만든 것이 '경영관리 부문'인데, 이는 매우 중요한 조직이다.

경영관리 부문은 회사 전체의 경영 수치를 다루는 부문이며 회사를 경영하는 데 있어 중요한 경영 정보를 정확하게 집약시키는 역할과 책임을 다하는 조직이다.

즉 비행기 조종석 내부의 각종 계기판에 해당하는 경영 정보를 정확하게 적용하여 아메바 경영을 근저에서 받쳐주는 부문인 것이다.

그래서 경영관리 부문은 교세라의 경영 사상인 '교세라 경영철학'과 '교세라 회계학'을 실천하는 부문으로서 사명감과 책임감을 가지는 것이 요청될 수밖에 없다. 즉 원리 원칙을 근간으로 대상의 본질을 추구해 '인간의 기준에서 무엇이 옳은 것인가'라는 판단 기준을 굳게 지녀야 한다. 이와 같은 경영관리 부문이 아메바 경영에 있어서 발휘해야 하는 세 가지의 기본적인 역할을 여기서 다루겠다.

① 아메바 경영을 제대로 작동시키기 위한 인프라 구축

회사의 경영관리 부문은 실제 비즈니스가 순조롭게 진행되게 하고, 아메바 경영이 정확하게 기능하도록 '수주 생산 시스템'과 '재고 판매 시스템'으로 대표되는 회사 내부 비즈니스 시스템을 구축하며, 그것을 최적으로 운영하는 역할을 담당한다. 나아가 경영관리를 담당하는 데 필요한 회사 내부의 룰을 입안·개정하고, 그것이 회사 전체에 철저하게 적용될 수 있도록 관리해야 한다. 회사 내부의 룰을 입안해 그것을 유지하고 관리해나가는 데 있어 중요한 것은 바로 룰이 갖는 의의와 목적을 명확하게 설정하는 것이다. 회사 내부의 룰에 담아야 하는 원칙과 조건에 관해서는 다음 항목을 참고하길 바란다.

회사의 기본적인 사고방식과 가치관에 합치될 것

회사 내부의 룰을 구축하는 데 있어서 전제로 작용하는 것은 회사의 기본적인 사고방식 및 가치관(우리 회사의 경우 교세라 경영철학)과 정합하는 룰을 만드는 것이다. 회사 경영의 장기적인 성공을 담보하기 위해서는 절대적으로 옳은 판단 기준이 필요하다. 회사 전체가 공유해야 하는 경영철학과 최고경영자의 방침을 회사 내부의 룰에 반영시킴으로써, 사업을 발전시켜나가야 한다.

경영의 관점에서 파악할 수 있을 것

두 번째로 중요한 것은 회사 내부의 룰을 입안할 때 회사 경영이라는 관점에서 룰을 만들어야 한다. '비즈니스의 형태는 어떻게 되어 있는지', '사업을 발전시키기 위해 조직 체제와 조직의 역할 및 책임은 어떠해야 하는지'를 제대로 이해하고 이와 같은 것들에 적합한 사내 룰을 구축하지 않으면 안 된다. 이를 위해서는 사내 룰을 만들 때 비즈니스의 형태 및 조직의 형태에 맞춰 아메바의 실적(매출, 총생산, 경비, 시간)을 어떻게 평가할 것인가를 구체적으로 시뮬레이션한 후에 그것을 구축하는 것이 필요하다.

경영의 실태를 있는 그대로 전달할 것

세 번째로, 회사 내부 룰은 경영 수치가 경영의 실태를 있는 그대로 나타낼 수 있도록 설정되어야 한다는 것이다. 이를 위해서는 대상의 본질을 잘 이해하고 복잡한 대상을 간단하게 파악함으로써 누가 보더라도 경영의 실태를 정확하게 파악할 수 있도록 사내 룰을 만들어야 한다.

일관성이 있을 것

네 번째로, 일관성이 있는 룰을 만드는 것이다. 새로운 룰을 구축할 때 어떤 특정 사례만을 고려해 룰을 구축해버리면 기존의 룰 사이에서 사고방식의 차이 및 모순이 발생하는 경우가 있다. 룰이라 하는 것은 일관된 사고방식에 의해 만들어져야 하는 것으로, 개별 룰은 일관성을 유지하고 있는지를 검증한 후에 구축되어야 할 필요가 있다.

회사 전체에 대해 공정할 것

사내 룰은 회사 전체에 공정하게 적용되어야 한다. 회사 내부 룰은 개별적인 사업 단위에 대응하는 것이 아니라 회사 전체의 통일된 사고방식과 기준을 토대로 설정되지 않으면 안 된다. 또 아메바 경영의 전제조건 중하나인 전 부문이 평등한 조건 하에서 서로 경쟁하기 위해서라도 사내 룰은 전 부문에 대해 항상 공정해야한다.

② 경영 정보의 정확하고 시기적절한 피드백

최고경영자 및 각 부문의 리더가 신속하고 정확하게 경영 판단을 내리기 위해서는 지금의 경영 상태를 '있는 그대로' 정확하게 또 적시에 파악할 수 있어야 한다. 비행기의 조종석에 있는 계기판과 같이 모든 경영 수치가 경영 실태를 있는 그대로 반영해야 할 필요가 있다. 이를 실현시키기 위해 경영관리 부문이 중심이 되어 구체적인 기법 및 시스템을 구축하고 또 그것을 운용하고 있다.

③ 회사 자산의 건전한 관리

경영의 실태 또는 실적을 파악하는 것과 마찬가지로 회사 자산을 건전하게 관리하는 것은 매우 중요하다. 여기서 말하는 회사 자산이란 수주 잔량, 재고, 외상 매출금(미수금), 고정자산 등과 같은 모든 형태의 자산을 포함하는 것으로 회사를 경영하는 데 있어서 중요한 경영 정보다. 교세라는 모든 물건(원재료, 중간 제품 등)을 '일대 일 대응 원칙' 하에 관리하고, 실적과 잔액의 수치 역시 늘 '일대일 대응의 원칙'으로 정합성을 유지할 수 있도록 관리하고 있다. 경영관리 부문은 실적과 함께 잔액을 철저하게 관리하고, 필요에 따라 각 부문에 자산의 최적 관리를 요청해서 회사 자산의 건전한 관리와 운용을 가능하게 하는 역할을 담당하고 있다.

4장

시간당 채산 제도

시간당 채산 제도

1

전 직원의 채산 의식을
높이기 위해

'매출은 최대로, 경비는 최소로'로 경영을 간단히 파악한다

아메바 경영에 있어서 어떻게 채산을 관리해야 하는지
를 교세라에서 시행하고 있는 '시간당 채산' 제도의 시
스템을 중심으로 설명하고자 한다. 1장에서 언급했듯이
창업 당시 회계 관련 지식이 전혀 없던 나는 난생 처음
손익계산서와 대차대조표를 접했을 때 그 수치가 무엇
을 의미하는지 전혀 몰랐다. 경리 담당자에게 여러 가
지 질문을 하면서 조금이라도 이해하려 노력했으나 너
무 유치하고 초보적인 내 질문에 경리 담당자가 경악을

금치 못할 정도였다.

나는 당시 경영과 회계에 관한 소양을 전혀 갖추지 못했기 때문에 회사 경영이라는 것을 어렵게 생각할 것이 아니라 가능하면 간단하게 파악하고자 했다. 그 결과 경영에 있어서는 '매출은 최대로, 경비는 최소로 하면 결과적으로 그 차액인 이익이 최대화된다'라는 원리 원칙을 굳힐 수 있었고, 또 이에 맞춰 지금까지 회사를 경영해왔다.

'매출 최대, 경비 최소' 원리 원칙은 내가 고안한 시간당 채산 제도의 토대가 됐다. 먼저 고객이 필요로 하는 제품 및 서비스를 제공할 때 불필요한 지출을 억제하고 줄이는 것이야말로 경영의 기본이다. 일반적으로 매출이 늘면 경비도 그에 맞게 늘어날 수밖에 없는 것으로 생각하지만, 현실을 보면 반드시 그런 것은 아니다. 매출이 늘어나도 지혜를 짜내 노력하면 경비를 늘리지 않거나 경비를 줄이는 것이 가능하다. 창의적인 아이디어를 통해 매출을 늘리는 한편 늘 경비를 철저하게 줄여나가는 것이 경영의 원칙이다. 이 원칙을 전 직원들과 함께 실천해나가기 위해서는 어떻게 하면 매출이 늘어나는지 그리고 경비는 어디서 어떻게 발생하는 지를 현장에서 일하는 사람들이 쉽게 이해할 수 있도록 해야 한다. 바로 이 점 때문에 간단하고 또 알기 쉬운 채산 관리 기법이 필요한 것이다.

현장에서 활용할 수 있는 회계 관리법

중소영세기업에서는 회사 내부에 경비 처리를 담당하는 인원을 따로 두지 못하는 등의 이유로 손익계산서와 같은 재무제표의 작성을 아웃소싱하는 경우가 많다. 매출전표 및 경비지출전표 등을 일주일 또는 한 달 단위로 취합해 외부의 세무사 또는 공인회계사 사무소에 맡긴다. 회계사무소에서는 회사별로 전표를 전부 정리해 손익계산서를 작성해준다. 매월 또는 반년에 한 번은 결산서를 만들어 채산 상황을 가르쳐준다. 그러나 이런 식으로는 경영의 결과로서 나타나는 수치를 '우리 스스로 만든다'고 실감할 수 없다.

　대기업에서는 컴퓨터 시스템이 도입되어 각 현장에

서 데이터가 입력된다. 그 데이터가 경리 부문의 컴퓨터에 전달되어 자동적으로 집계되면서 결산이 이뤄진다. 그러나 경리 부문에서 집계된 결산 결과는 현장으로 다시 피드백되지 않는 경우가 많다. 그저 임원에게만 '이번 달 결산 결과는 이 정도입니다'라는 결과 보고가 전달되는 정도이고 현장에서 일하는 사람들은 그 결과를 전혀 모르고 있는 경우가 많다. 심지어 지금 회사가 어떠한 상태인지를 현장 사람들이 전혀 모르는 회사마저 존재한다.

가령 현장의 직원들에게 경영의 실태를 알리기 위해 손익계산서 등 경리 자료를 그대로 전달했다 하더라도 현장 직원들에게는 이 자료가 매우 복잡하고 또 이해하기 어렵다. 때문에 자신의 업무에 직접 연결되어 있는 수치라는 것을 실감하지 못한다. 그렇다면 평범한 가정에서 사용하는 가계부처럼 간단하게 각 부문의 수지 상황을 파악할 수 있게 하는 방법은 없을까. 이런 생각으로 고안해낸 것이 바로 '시간당 채산표'다.

초기에는 아메바 리더가 실적 관련 수치만을 사후적으로 표 안에 기입해넣는 식이었지만, 이후에는 월초에 실적을 사전적으로 예상해 이 역시 기입하게 되었다. 지금은 각 아메바가 자신들의 월차 단위 활동계획을 구체적인 예정 수치로 시간당 채산표 형태로 나타내고, 이를 실제 활동에서 발생한 매출 및 경비 실적과 비교하면서 채산을 관리하고 있다.

나아가 시간당 채산 제도 하에서는 사업 활동의 성과를 '부가가치'라는 척도로 파악하도록 하고 있다. 상세한 내용은 뒤에서 언급하겠지만, 여기서의 '부가가치'란 매출 금액에서 제품을 만들어내기 위해 소요된 재료비, 설비기계 감가상각비 등 노무비를 제외한 모든 공제액(경비)을 뺀 것이다. 자신이 부가가치를 과연 얼마만큼이나 창출했는지를 알기 쉽게 나타내기 위해 단위 시간당 부가가치, 즉 총부가가치를 총노동 시간으로 나눈 시간당 부가가치를 산출한다. 이것이 교세라에서 이른바 '시간당'이라 줄여서 부르는 시간당 부가가치 지표다.

이러한 시간당 부가가치 지표에 따라 각 아메바는 연차 및 월차 등의 목표를 설정해 실적을 관리하고 있다. 즉 각 아메바는 자신들이 활동한 결과인 부가가치를 월차 단위에서 쉽고 정확하게 파악함으로써 곧바로 자신이 속한 아메바의 문제점을 찾아낼 수 있고, 또 이를 개선하기 위한 액션을 신속하게 취할 수가 있는 것이다.

표준원가 방식과 아메바 경영의 차이점

대다수 제조 기업의 제조 부문에서는 관리 회계 방식으로서 표준원가계산을 도입하고 있다. 이것은 공장을 관리하는 회계 기법으로 제품 원가 관리, 재고 평가, 제조 부문의 실적평가 등에 있어서 중요한 역할을 하고 있다. 교세라와 관련이 깊은 대형 전기 업체 중에서도 표준원가계산을 적용하고 있는 회사가 많다. 이전에 들은 얘기인데, 예를 들어 교세라와 같은 납품업자로부터 전자 부품을 구입해 TV를 조립하는 경우 경리 부문에 소속되어 원가계산을 전문으로 하는 직원이 제품 생산에 소요된 원가를 계산한다고 한다. 이때 어떻게 원가를 관리하는가 하면, 먼저 이전 시기의 원가를 계산하고 '이전 시기에는 이와 같은 원가가 소요됐기 때문에 이번 시기에는 이전 시기 대비 10% 절감을 목표로 원가를 내려보자'라는 지시가 나오게 된다. 이러한 지시를 받은 제조 부문은 이전 시기에 비해 10% 낮춘 목표 원가를 설정해 그 범위 내에서 제품을 생산할 수 있도록 노력한다. 그러나 제조 부문에서는 목표로 하는 원가 범위 내에서 제품을 생산할 수 있게 되면 자신의 책임을 다한 것이 되기 때문에 스스로 이익을 내야겠다는 의식은 전혀 갖지 않게 된다.

다음으로 제품이 완성되면 영업 부문이 제조 부문으로부터 제품을 표준원가로 받는다. 그 제품의 원가에 마진을 실은 판매 가격을 정하고 판매하는 일은 모두 영업 부문의 실력과 재량이며 또 책임이다. 그러나 영업 부문 직원들 중에서는 "시장경쟁이 워낙 치열하기 때문에 원가에 이익을 조금만 포함시키는 정도로 팔 수밖에 없다"며 회사 전체의 이익을 생각하지 않고 안이하게 영업 가격을 결정해버리는 이들이 있다. 그렇게 하면 영업 경비를 차감하다 곧 적자로 전락해버린다. 또 실제로 가격을 결정하는 것은 영업 담당 임원이 아니다. 영업 담당자가 아키하바라와 같은 전자제품 상가

거리에서 조사한 결과를 토대로 가격을 결정하는 경우가 일반적이다. 결국 영업을 시작한 지 얼마 되지도 않은 담당자가 회사의 경영을 결정하게 되는 것이다.

나는 이와 같은 대형 전기 업체의 경영 실태를 듣고 '일본을 대표하는 업체이자 우수한 직원이 많이 모여 있는 회사임에도 불구하고, 실제로 가격을 결정해 회사 경영을 좌우하고 있는 사람은 일개 영업 담당자'라는 사실을 접하며 아연실색한 기억이 있다. 지금도 표준원가 방식을 토대로 일부 영업 담당자가 그 기업의 경영을 좌우하는 가격 결정 및 이익 관리를 도맡아 하는 회사가 다수 존재한다. 그러나 우수한 인재를 몇 천 명, 아니 몇 만 명이나 채용하고 있으면서도 한 명의 영업 담당자에게 회사의 모든 것을 맡기는 경영 시스템을 지녔다면 다른 직원들 모두의 능력을 무용지물로 만들어버리는 것과 다름없다. 이처럼 얼핏 보면 체계적인 시스템으로 보이지만 실제로는 직원들의 능력을 제대로 활용하지 못해 회사가 제대로 기능하지 못하는 경우가 아주 많다.

반면 아메바 경영의 경우 제품의 시장 가격이 기본이

된다. 사내 거래(매매)에 의해 시장 가격이 각 아메바로 직접 전달되어 그 사내 매매 가격에 따라 생산 활동이 이뤄지고 있다. 나아가 제조 부문의 아메바가 독립적인 채산 부문Profit Center이기 때문에 제품의 판매 가격으로 이익을 낼 수 있도록 아메바가 책임을 지고 비용을 줄이는 데 최선을 다한다. 즉 주어진 표준원가로 제품을 생산하는 것이 아니라 시장 가격을 기본으로 아메바 스스로 창의력을 발휘해 비용을 절감해서 자신의 이익을 조금이라도 더 내려고 하는 것이 제조 부문 아메바의 사명이다. 따라서 직원의 대부분을 차지하는 제조 부문이 자신이 만든 제품의 원가밖에 모르는 일반적인 회사와 아메바 경영을 도입한 회사 직원들의 채산 의식이 크게 다를 수밖에 없는 것이다.

아메바 경영이 적용되고 있는 제조 부문에서는 표준원가 방식과 같이 원가만을 추구하는 것이 아니라, 제조 업체 본연의 역할이기도 한 스스로의 창의력 발휘에 의해 제품의 부가가치를 창출해내는 것에 주안점을 두고 있다. 이와 같은 점을 볼 때도, 아메바 경영은 기존의 관리 회계 사상을 근저에서부터 뒤집는 혁신적이고 참신한 경영 시스템으로 평가할 수 있다.

채산표에서 아메바의 모습이 보인다

사장 직을 맡고 있을 때의 일이다. 나는 출장을 갈 때 반드시 각 아메바의 시간당 채산표를 가방에 넣어다니며 조금이라도 시간이 생기면 그것을 꺼내보곤 했다. 그렇게 하다 보면 그 부문의 책임자와 그 부하 직원의 얼굴, 공장 곳곳에서 일하고 있는 직원들의 모습과 방식 등이 손에 잡힐 정도로 선명하게 머릿속에 떠올랐다. 또 그들의 노동과 업무의 특징도 쉽게 이해할 수 있었다. 나는 늘 우리 회사의 현장으로 발품을 팔았기 때문에 생산하고 있는 품목, 재료와 제조 프로세스, 설비, 생산 기술, 그 아메바를 통솔하고 있는 리더와 현장의 분위기 등을 충분히 파악하고 있었다. 그래서 각 아메바의 시간당 채산표에 명기되어 있는 수치를 보는 것만으로도 아메바의 활동 상황, 각 부문의 실태 그리고 현재 직면해 있는 문제점들이 마치 영상과 같이 내 머릿속에 떠올랐다. 훌륭한 실적을 뽐내고 있는 부문도 보이고 또 도와달라고 비명을 지르며 요청하는 부문도 한눈에 보인다. '왜 이 아메바는 전기요금이 이렇게 많이 나오는 것일까?', '왜 이렇게 여비와 교통비가 많이 들었던 것일까?'에 대한 이유를 직접적인 보고를 통하지 않아도 시간당 채산표가 다 가르쳐줬다.

아메바의 현 실태를 잘 보이게 하거나, 또 잘 보기 위해서는 시간당 채산표상의 경비 항목을 어떻게 구분하고 있는지가 포인트다. 일반적인 회사 결산서 안에는 그 어떤 경비보다 잡비의 금액이 상대적으로 크게 나타나는 경우가 꽤 있다. 원래 경비는 다종다양한 항목의 지출 합계인데 다른 과목에 비해 금액이 적기 때문에 '잡비'라 부르는 것이다. 그런데 무시할 수 없는 수준의 큰 금액이라면 이를 일괄해 '잡비'로 처리하는 것은 옳지 않다. 나중에 또 언급하겠지만, 시간당 채산표 항목은 일반적인 결산서의 계정과목보다 꽤 상세하게 분류되어 있기 때문에 경영 실태를 보다 정확하게 파악할 수 있는 것이다.

회사 경영에 있어 중요한 것은 평소 현장의 일거수일

투족을 잘 숙지하고 매우 상세한 채산표에 의해 각 부문의 경영 상황을 객관적으로 분석하고 경영에 임하는 것이다. 시간당 채산표는 현장에 있는 직원의 땀과 노력의 결정체이며 아메바의 모습을 정확하게 반영해주는 '거울'이다.

전체 아메바, 전 직원의 힘을 결집한다

아메바 경영에서 각 아메바는 조직의 크기에 관계없이 '부가가치'를 높여나가는 것을 지상 과제로 삼고 있다. 그러나 앞에서 설명했듯이 채산에 대한 공헌을 지나치게 강조해서 실적 수치에 직결되는 큰 금전적 인센티브를 제공하며 직원들에게 동기부여 하는 것은 위험하다고 생각한다.

교세라는 원래부터 전 직원의 마음과 마음을 서로 이어내는 것을 토대로 경영해온 회사이고 또 개인의 능력과 재능은 인류와 사회에 기여하기 위해 부여받은 것이라는 사고방식을 관철해오고 있다. 따라서 교세라에서는 실적이 좋은 아메바라 하더라도 회사 안을 거만하게 활보하며 다니거나 그 대가로서 높은 인센티브를 받거나 하는 일은 없다. 그 대신 훌륭한 실적을 올린 아메바에 대해서는 동료로부터의 칭찬과 감사와 같은 정신적인 명예가 선물로 부여된다.

또 아메바에 대한 평가와 관련해서는 수주, 총생산, 시간당 부가가치 등과 같은 절대 금액으로 표시되는 것이 아니라 각 아메바가 스스로의 창의력 또는 아이디어에 의해 이들 수치를 얼마나 끌어올렸는가를 중시하고 있다. 이는 회사 내에서 각 아메바가 서로 경합하는 것이 아니라, 각 아메바가 관련한 부문과 조화를 유지하면서 자발적으로 역량을 끌어올리는 것이 회사에 있어서 보다 이상적인 모습이라 생각하기 때문이다. 즉 아메바 경영 하에서는 자기만 좋으면 된다는 이기적인 사고방식으로 행동하는 것이 아니라 회사 전체의 발전을 위해 전 아메바가 전 직원의 힘을 결집하는 것이 요구된다.

2

시간당 채산표를 통한
창의적 혁신

아메바의 채산 관리

여기서는 먼저 교세라에서 운용하고 있는 시간당 채산
표를 예로 들어 각 아메바의 채산 관리가 어떻게 이뤄
지고 있는지를 개괄적으로 설명하고자 한다. 다음 표는
부품 사업의 제조 부문에서 사용하고 있는 시간당 채산
표다.

회사 외부로의 출하 금액에 해당되는 사외 출하(B) 4
억 엔과 회사 내부에 있는 다른 아메바로의 출하 금액
에 해당되는 사내 판매(C) 2억 5,000만 엔을 합쳐서,

제조 부문 시간당 채산표의 사례

항목		
총출하	A	650,000,000
사외 출하	B	400,000,000
사내 판매	C	250,000,000
상품(판매)	C1	0
상품(구매)	D1	0
자기 · 부품(판매)	C2	60,000,000
자기 · 부품(구매)	D2	30,000,000
원료 · 성형(판매)	C3	95,000,000
원료 · 성형(구매)	D3	90,000,000
소성(판매)	C4	32,000,000
소성(구매)	D4	30,000,000
도금(판매)	C5	0
도금(구매)	D5	0
가공(판매)	C6	60,000,000
가공(구매)	D6	60,000,000
기타(판매)	C7	2,000,000
기타(구매)	D7	10,000,000
설비 보수(판매)	C8	1,000,000
설비 보수(구매)	D8	0
사내 구매	D	220,000,000
총생산	E	430,000,000
공제액	F	240,000,000
원재료비	F1	20,000,000
금속도구비	F2	3,000,000
상품사입액	F3	3,000,000
부자재비	F4	2,000,000
처분이익	F5	-200,000
내부 보수비	F6	1,000,000
금형비	F7	6,000,000
일반 외주비	F8	30,000,000
협력회사비	F9	30,000,000
소모품비	F10	7,000,000
소모공구비	F11	20,000,000
수선비	F12	9,000,000

전기 · 수도요금	F13	10,000,000
가스연료비	F14	6,000,000
포장용품비	F15	2,000,000
포장운임	F16	2,000,000
기타 급여	F17	5,000,000
기타 노무 관련비	F18	1,000,000
기술료	F19	0
보수 서비스비	F20	10,000
여비교통비	F21	2,000,000
사무용품비	F22	300,000
통신비	F23	200,000
공과요금	F24	2,000,000
시험연구비	F25	10,000
위촉 보수	F26	0
설계위탁비	F27	10,000
보험료	F28	300,000
임대료	F29	900,000
잡비	F30	2,860,000
잡수입 · 잡손실	F31	−200,000
고정자산 처분손익	F32	−1,000,000
고정자산 금리	F33	5,000,000
재고 금리	F34	10,000
감가상각비	F35	20,000,000
내부 경비	F36	5,000,000
부내 공통비	F37	−400,000
공장 경비	F38	6,000,000
내부 기술료	F39	200,000
영업 · 본사 경비	F40	40,000,000
순매출	**G**	**190,000,000**
총시간	**H**	**35,000.00**
정규시간	H1	30,000.00
초과근무시간	H2	4,000.00
부내공통시간	H3	40.00
간접공통시간	H4	960.00
당월 시간당 부가가치	**I**	**5,428.5**
시간당 생산액	**J**	**12,285**

총출하(A) 6억 5,000만 엔이 산출된다. 이와 같은 총출하에서 회사 내부의 다른 아메바로부터 부품 및 재료 등을 구입한 금액 사내 구매(D) 2억 2,000만 엔을 빼면 제조 아메바의 수입을 나타내는 총생산(E) 4억 3,000만 엔이 산출된다.

아메바가 벌어들인 수익을 의미하는 순매출(G)은 총생산(E) 4억 3,000만 엔에서 아메바의 노무비를 제외한 모든 경비의 합계인 공제액(F) 2억 4,000만 엔을 빼서 산출한다. 따라서 그 차액인 1억 9,000만 엔이 이 아메바의 부가가치에 상당한다. 이를 총시간(H) 3만 5,000시간으로 나누면 당월 시간당 부가가치(I)는 5428.5엔이 된다.

192쪽의 표는 수주 생산의 영업 부문에서 사용하고 있는 시간당 채산표다.

이 달의 수주(A)는 3억 6,000만 엔, 총매출(B)은 3억 5,000만 엔이다. 영업 부문의 수입인 총수익(C)은 수주 생산에 있어서의 영업수수료와 재고 판매에 의한 총수익을 합친 것인데, 이 예는 수주 생산이기 때문에 재고는 판매하지 않는다.

영업 부문 시간당 채산표의 사례

단위: 엔, 시간

항목			
수주		A	360,000,000
총매출		B	350,000,000
수주생산	매출액	B1	350,000,000
	수취수수료	–	28,000,000
	수익 소계	C1	28,000,000
재고판매	매출액	B2	0
	매출 원가	–	0
	수익 소계	C2	0
총수익		C	28,000,000
경비 합계		D	12,000,000
전화통신비		D1	260,000
여비교통비		D2	980,000
포장운임비		D3	3,500,000
보험료		D4	130,000
통관 비용		D5	360,000
판매수수료		D6	360,000
판촉비		D7	0
매출 환급액		D8	28,000
광고선전비		D9	130,000
접대교제비		D10	84,000
위촉 보수		D11	12,000
외주 · 서비스비		D12	20,000
사무용품비		D13	40,000
공과요금		D14	75,000
임대료		D15	560,000
감가상각비		D16	130,000
고정자산 금리		D17	120,000
재고 금리		D18	19,000
외상매출 금액		D19	3,000,000
사입상품비		D20	0
내부 경비		D21	390,000
기타 급여		D22	56,000
기타 노무 관리비		D23	390,000
소모 공구비		D24	210,000

수선비	D25	95,000
가스연료비	D26	15,000
전기 · 수도요금	D27	37,000
잡비	D28	110,000
잡수입	D29	−250,000
잡손실	D30	0
고정자산 처분손익	D31	0
본사 경비	D32	530,000
부내 공통비	D33	49,000
간접 공통비	D34	560,000
순이익	**E**	**16,000,000**
총시간	**F**	**2,000.00**
정규시간	F1	1,800.00
초과근무시간	F2	100.00
부내공통시간	F3	30.00
간접공통시간	F4	70.00
당월 시간당 부가가치	**G**	**8,000.0**
시간당 매출액	**H**	**175,000**

　뒤에서 상세하게 설명하겠지만, 수주 생산의 영업 아메바 수입인 수수료는 매출액에 수수료율을 곱해서 계산한다. 이 경우 수수료율을 8%라 하면, 수수료는 2,800만 엔으로 계산되어 총수익(C)과 동일한 금액이 된다. 이 총수익(C)에서 노무비를 제외한 광고 선전비, 판매 수수료, 여비 및 교통비 등의 영업 활동에 필요한 경비 합계인 경비 합계(D) 1,200만 엔을 빼면 순이익 (E) 1,600만 엔이 된다. 이것을 총시간(F) 2,000시간으

로 나누면 당월 시간당 부가가치(G)는 8,000엔으로 계산된다.

이렇게 당월 시간당 부가가치를 산출함으로써 각 아메바는 자신이 1시간당 창출하는 부가가치를 정확하게 인식하고 이를 경영 활동에 반영시키고 있다. 그럼 이러한 시간당 채산 제도가 어떠한 특징을 가지고 있는지 그 주요 포인트를 짚어보고자 한다.

영업 부문도 제조 부문도 독립채산 조직

아메바 경영에서는 영업과 제조 부문이 각각 독립채산 조직이기 때문에 아메바의 멤버 전원이 조금이라도 부가가치를 높여 채산을 향상시키고자 노력하는 시스템으로 작용하게 된다. 앞에서 언급했듯이 제조 부문의 채산은 생산 금액을 수입으로 계상하고 여기서 노무비를 제외한 모든 공제액을 빼서 순이익을 산출한다. 영업 부문에서도 수입에 해당하는 총수익에서 노무비를 제외한 모든 경비를 빼서 순이익을 산출한다. 이렇게 계산한 순이익을 총시간으로 나눠 시간당 부가가치를 산출하고 있다. 이와 같이 영업 부문과 제조 부문 모두 독립채산 조직으로서 자신의 부가가치를 파악하고 그 수치를 높이기 위해 노력한다.

수입에서 노무비를 제외한 공제액과 경비를 빼면 부가가치가 계산된다. 노무비를 공제액과 경비에 포함시키지 않는 것은 노무비가 각 아메바 차원에서 컨트롤할 수 없는 성격을 가지고 있기 때문이다. 노무비 자체는 회사의 채용 방침, 인사 및 총무에 관련되는 방침에 따라 그 금액이 결정되기 때문에 아메바 책임자가 노무비를 컨트롤하는 것은 현실적으로 곤란하다.

따라서 아메바 리더가 관리할 수 없는 노무비가 아니라 생산성을 파악하는 데 중요한 '시간' 관리에 주안점을 두고 있다. 부가가치인 순이익을 총노동 시간으로 나누면 1시간당 부가가치인 시간당 부가가치가 계산된다. 직원의 노동에 따라 확보할 수 있는 시간당 부가가치가 어느 정도 수준이면 좋은지에 관해서는 각 회사에서 일정한 기준을 정하면 좋다. 예를 들어 파트 타이머 노동과 아르바이트 노동이 주력인 회사라면, 시간당 부가가치를 3,000엔 올릴 경우 시급 1,000엔을 지불한다 하더라도 남은 2,000엔이 이익으로 회사에 남게 된다.

　가령 직원의 1시간당 노무비가 3,000엔인 회사라면, 시간당 부가가치를 6,000엔 이상처럼 보다 높은 목표로 설정하면 좋다. 이와 같은 의미에서 시간당 부가가치는 각 아메바가 일정 수준 이상의 수치를 달성하고자 하는 목표로서 작용해야 하는 것이다.

목표와 성과를 금액으로 표시한다

시간당 채산표의 특징 중 하나는 각 아메바 활동의 목표 및 성과를 모두 수량이 아닌 '금액'으로 표시하고 있다는 점을 들 수 있다. 교세라는 회사 내부의 모든 전표에 거래물의 수량에 더해 금액을 표기하도록 하고 있다. 따라서 회사 내부에서도 그저 '몇 개 팔았다', '몇 개 만들었다' 등의 양적인 표기뿐 아니라 '몇 엔어치 구입했다', '몇 엔어치 생산했다'와 같이 금액을 기본으로 거래하고 있다.

돈이라는 것은 모든 이들이 매일 사용하고 있는 공통 척도이므로 일상적인 생활 감각으로 그 규모와 크기를 쉽게 실감할 수 있다. 그렇기 때문에 현장에서 일하는 직원들도 자신의 일을 통해 어느 정도의 돈의 흐름이 발생하는지를 잘 이해할 수 있도록 모든 전표에 금액을 명기하고 있다. 교세라를 창업했던 그 시기에는 월차 결산을 시행하는 회사는 거의 없었다. 반년 또는 1년에 한 번 정도 결산이 나오기 때문에 매월 단위의 채산이 어떤 수준인지를 직원들은 전혀 모르는 것이 일반적이었다. 당시의 교세라와 같은 소규모 회사에서는 월차 결산 그 자체가 생소한 것이었다. 게다가 월말에 1주일 정도의 작업으로 월차의 손익을 계산해냈던 것은 경이적인 것으로까지 인식되었다.

또 결산과 회계 처리를 외부의 회계사무소에 의존하지 않고 회사 내부의 경영관리 부문에서 채산표를 작성해서, 현장이 늘 실적 수치를 파악해 자주적으로 개선 작업에 임할 수 있도록 했다.

나는 채산표를 사용해 늘 엄격하게 채산을 확인했었다. 예를 들어 공장의 현장을 둘러 볼 때 원료와 도구가 바닥에 떨어져 있는 것을 발견하기라도 하면, "이 원료가 얼마짜리인지 자네는 알고나 있는가? 회사 물건이니 바닥에 떨어져 있어도 대수롭지 않게 생각하는 것인가? 만약 자기 돈으로 산 물건이 하나라도 바닥에 떨어져 있다면 자네는 어떻게 했겠는가? 분명히 다시 주워 원위치에 올려놓았을 것이 아닌가" 하고 주의를 주었다. 진정한 일을 하기 위해서는 부탁받은 일, 고용계약에 의한 일, 지시에 따른 일을 해서는 안 된다. 직원들이 바닥에 떨어져 있는 원료나 도구를 보고 자기 물건을 아끼고 챙기듯이 원위치로 돌려놓고 이를 자기 것으로 여기며 사용해줄 것을 나는 현장을 돌 때마다 호소했다.

아메바 경영 하에서의 직원들은 아무리 작고 보잘것없는 것이라 하더라도 자기 것으로 여기며 아끼고 또 소중하게 생각하고 있다. 시간당 채산표 역시 1엔이라는 작은 단위까지 정확한 금액으로 기재해서 꼼꼼하고 섬세한 채산 관리가 되도록 하고 있다.

적시에 부문 채산을 파악한다

경영이라 하는 것은 월말에 공개되는 시간당 채산표를 보고 난 후 행동에 옮기는 것이 아니다. 월차 채산은 매월 발생하는 미세한 수치의 집적이기 때문에 항상 채산을 올리는 노력을 게을리해서는 안 된다. 그래서 시간당 채산에 있어서는 중요한 경영 정보인 수주, 생산, 매출, 경비, 시간 등을 1개월분의 수치로 취합해 월말에 집계하는 것이 아니라 항상 집계하고 그 결과를 신속하게 현장에 피드백하는 것이 중요하다.

나중에 상세하게 설명하겠지만, 각 아메바는 월초 시간당 채산표에 들어갈 모든 관리 항목에 관한 예상 수치를 계획한다. 하루 단위의 실적 수치를 정확하게 파악하고 있기 때문에 그 예상 수치를 달성하기 위한 진척 상황을 매일 파악할 수 있다. 그래서 예정 또는 예상에 비해 수주, 매출, 생산 등의 작업이 늦어지게 되는 경우 예상 수치를 달성하기 위한 대책을 곧바로 강구할 수 있게 되는 것이다. 또 사전에 세운 경비 계획에 비해 경비를 더 많이 지출하고 있는 경우에도 출비를 엄격하게 컨트롤하는 등 신속한 대응을 취할 수 있다.

아메바라고 하는 작은 단위별로 하루하루의 채산을 확인함으로써 신속하고도 적기의 경영 판단을 내릴 수 있다. 이처럼 하루 단위의 채산 관리는 계획 또는 예정을 확실하게 달성할 수 있게 해주며 신속한 경영 판단을 가능케 한다.

시간 감각을 통해 생산성을 높이다

아메바 경영에서는 각 아메바가 시간당 부가가치를 올리기 위해 필사적으로 노력하기 때문에 늘 총시간 개념을 의식해 생산성을 높이려는 노력을 중시하고 있다. 예를 들어 어떤 부서에서 시간당 노무비가 평균 3,600엔이 소요된다고 하자. 그렇다면 '1분당 60엔', 좀 더 미세하게 들어가면 '1초당 1엔'의 노무비가 발생하게 되는 것과 같다. 그래서 우리는 뭔가 기여해야 할 회사에서 일하고 있는 이상, 그 노무비를 상회하는 부가가치를 창출하지 않으면 안 된다는 인식을 가지게 된다.

따라서 이와 같은 사실을 회사의 전 직원들이 제대로 이해할 수 있도록 해서 시간에 대한 감각 또는 의식을 높여 늘 긴장감 있는 직장을 만들 필요가 있다.

물론 총시간을 줄인다 하더라도 이는 고용계약 또는 취업 규칙으로 정해놓은 정규 노동 시간을 줄인다는 의미가 아니다. 직원은 초과근무를 하지 않고도 8시간의 정규 노동 시간은 반드시 지켜야 한다. 수주량이 줄어들어 하루 5시간에 해당하는 일밖에 없다 할지라도 나머지 시간도 당연히 카운트된다. 그렇기 때문에 시간을 활용하는 방법에 관한 고민은 부문을 경영해나가는 데 있어 중요한 요소로 작용하게 된다.

가령 한 아메바의 경우 자기 조직에 일이 없는 반면에 바로 옆 아메바는 인원이 부족할 정도로 일이 많다면, 전자의 아메바는 남는 인원을 후자의 아메바에 일시적으로 보내는 것도 가능하다. 즉 후자 아메바에 대한 지원이기도 하며 또 전자 아메바의 총시간을 줄이는 방법이기도 한 것이다. 전자의 시간을 후자의 시간으로 대체하게 되면, 지원을 위해 자기 멤버를 일시적으로 내보낸 부문의 총시간이 줄고 역으로 지원을 받은 부문의 총시간은 늘어나게 됨으로써 전체적인 차원에서 볼 때 시간을 유효하게 활용하는 것이다.

교세라에서는 이와 같이 한 아메바가 다른 아메바에게 넘겨주게 되는 노동 시간도 0.5시간(30분) 단위까지 엄밀하게 카운트한다. 이와 같이 각 부문이 얼마만큼의 시간을 썼는지를 정확하게 파악함으로써 총시간을 가능한 한 단축해 시간당 부가가치의 향상을 꾀하고 있다.

현대의 기업 경영에서는 무엇보다도 스피드가 중시되기 때문에 시간 효율을 어떻게 올릴 것인가가 경쟁에서 이기기 위한 열쇠로 작용하고 있다. 아메바 경영의 시간당 채산 제도는 현장의 여러 지표에 '시간'이라는 개념을 녹여넣어서 직원 한 사람 한 사람에게 시간의 중요함을 자각시키고 업무 생산성을 크게 향상시키고 있다. 바로 이것이 자기 부문의 채산을 향상시키는 데 그치지 않고 회사 전체의 생산성을 높이는 요인으로 작용하면서 결국 회사는 시장 경쟁력을 강화할 수 있는 것이다.

시간당 채산표로 운용과 관리를 통일한다

시간당 채산표는 각 아메바의 리더 및 멤버가 자신들의 마스터플랜(시간당 채산의 연도 계획), 월차 계획(예정), 월차 실적을 파악하는 관리 자료로 활용되고 있다. 뿐만 아니라 각 아메바의 수치를 취합한 것이 과, 부, 사업부와 같은 상위 조직의 수치가 되며 최종적으로는 회사 전체의 수치가 된다. 따라서 각 아메바의 시간당 채산을 집계하는 것에 의해 회사 경영 실적을 파악할 수 있다. 또 사후적인 실적 관련 수치뿐 아니라 마스터플랜, 월차 계획 등과 같은 사전적인 것들도 각 아메바 채산표 집계에 의해 최종적으로 회사 전체의 계획 수치가 되는 것이다. 결국 회사의 수량적 계획은 위로부터가 아니라 아래서부터, 즉 아메바들에 의해 이뤄지고 있음을 의미한다.

이와 같이 시간당 채산이라는 동일한 지표를 회사 전체가 공유하고 또 동일한 기준과 룰 아래 운용해나가기 위해서는 시간당 채산표 양식이 회사 전체에서 통일된 것이어야 한다. 영업 부문과 제조 부문은 수입을 파악하는 방식이 다르기 때문에 이 점과 관련해서는 어쩔 수 없이 서로 다른 채산표 양식을 사용하지만, 각 부문 내에서는 통일된 채산표 양식이 사용되고 있다.

그러므로 크기가 정말 작은 아메바를 비롯해 회사 내 그 어떤 아메바라 할지라도 지금 어디에 문제가 있는지를 일목요연하게 파악할 수 있기 때문에 최고경영자는 매우 정확한 경영이 가능해진다. 나아가 각 아메바 및 회사 전체 실적을 조례 등을 통해 전면 공개함으로써 전 직원이 각 부문과 회사 전체의 경영 상황을 정확하게 이해할 수 있게 된다.

이를 통해 직원의 경영에 대한 참가 의식이 높아지고 또 회사 전체는 매우 투명한 경영을 실현할 수 있다. 이와 같은 투명한 경영은 다시 또 직원들의 경영자로서의 의식을 강하게 한다. 이러한 선순환 메커니즘이야말로 직원들이 아메바 경영을 통한 관리 회계가 갖는 엄격함을 이겨내게 하는 중요한 요인으로 작용하고 있음을 간과해서는 안 된다.

3

교세라의
회계원칙

아메바 경영에서는 각 아메바 차원에서 발생하는 매출, 생산, 경비, 시간 등의 실적 수치를 정확하게 파악하는 것이 중요하다. 여기서 평소의 경비 처리가 정확하고 신속하게 이뤄지도록 하기 위한 회사 내부 룰의 확립과 그 운용이 필요해진다. 그 토대로 작용하고 있는 사고방식이 바로 '교세라 회계학'이다.

교세라 회계학의 근본은 회계상에 있어서도 어디까지나 본질을 추구追究해 경영의 원리 원칙으로 돌아가서 회계의 문제를 판단하는 것에 있다. 즉 회계상의 상식에 속박되는 것이 아니라 대상의 본질로까지 거슬러 올라가 '인간의 기준에서 무엇이 옳은 것인가' 라는 문제 의식을 바탕으로 판단하는 것이다.

이에 관한 상세한 내용은 내 또 다른 저서 《이나모리 가즈오의 회계경영》을 참조하길 바란다. 여기서는 아메바 경영을 실제로 운용하는 데 있어 특히 중요한 사고 방식에 초점을 맞춰 이를 간략하게 설명하고자 한다.

일대일 대응의 원칙

사업 활동으로 인해 회사에서는 '물건'과 '돈'이 항상 움직이게 되는데, 시간당 채산 제도에서는 이와 같은 물건과 돈의 흐름을 정확하게 파악하는 것이 필수적이다. 이를 위해서는 물건과 돈이 움직이면 그 결과를 나타내는 전표가 일대일 대응으로 첨부되어 확실하게 처리되어야 한다. 이는 얼핏 보면 매우 당연한 것으로 여겨지지만 이를 철저하게 시행하는 것은 결코 간단하지 않다.

예를 들어 일반적인 회사에서는 일상의 영업 활동 중

상품이 먼저 고객에게 전해졌는데 관련 전표는 그 후에 발행되는 경우가 꽤 있다. 담당자는 "나중에 전표를 챙기면 됩니다"라며 이를 대수롭지 않게 여기는데, 일이 바빠 눈코 뜰 새도 없어지면 자기도 모르는 새 이를 잊어버리고 결과적으로 대금을 회수하지 못하는 사태가 발생하는 경우가 있다. 이와 같이 물건과 돈이 전표와 별도로 처리되어 움직이게 되면 무엇이 어디에 있는지 실태를 제대로 파악하지 못하게 되면서 결국 사업 활동에도 큰 지장을 초래하게 된다.

만약 이런 식으로 처리를 하게 되면 결국 '전표 조작'이나 대차대조표상에 기록되지 않는 '부외거래'와 같은 악질의 부정 사건을 허락하게 되는 것이나 마찬가지다. 이것이 지속되면, 모든 관리는 형해화形骸化●되고 회사 조직 전체의 도덕이 완전히 붕괴해버린다.

'일대일 대응의 원칙'이란 이와 같은 사태를 미연에 막기 위해 물건과 돈의 움직임을 일대일 대응으로 파악하고 매우 투명하게 관리하는 것을 의미한다. 물건

● 유명무실해짐을 의미한다. – 옮긴이

이 움직이게 되면 반드시 전표가 발행되고 체크되어 물건과 함께 전표가 동시에 움직여야 한다. 누가 보더라도 물건과 전표가 일대일로 대응하고 있음을 알 수 있게 해주는 조치다. 즉 전표만 제멋대로 움직이거나 물건만 움직이거나 하는 사태는 있을 수 없도록 만드는 것이다.

나아가 시간당 채산표에는 1개월간의 경영 실적이 정확하게 표기되어야 한다. 이를 위해서는 어떤 상품이 생산되어 그 매출이 당월 계상된다고 하면 그것에 대응하는 구입과 경비 역시 당월 계상돼야만 한다. 수익과 비용이 일대일로 정확하게 대응하지 않으면 월차 이익이 매달 크게 변동할 수밖에 없으므로 경영의 실태가 잘 보이지 않게 되기 때문이다.

이와 같이 '일대일 대응의 원칙'을 엄격하게 지키는 것은 경영 수치를 정확하게 파악하기 위한 필요조건임과 동시에 부정과 부도덕함을 미연에 막아주는 방법이라 할 수 있다.

더블 체크 원칙

모든 업무에 있어서 이른바 '더블 체크'를 한다는 것은
업무 그 자체의 신뢰성을 높여 회사 조직의 건전성을
유지하기 위해 늘 엄수해야 하는 원칙이다.

이 원칙은 내 철학의 근저에 깔려 있는 '사람의 마음
을 의식하며 경영하라'라는 경영철학에서 나오게 된 것
이다. 사람은 누구든 과오를 저지를 때가 있다. 예를 들
어 노력을 다했는데도 불구하고 업무 실적이 좋지 않으
면 어쩔 수 없이 실적 관련 수치를 조작하는 경우가 발
생할 수 있다는 것이다. 그래서 나는 이와 같은 인간의
약한 마음으로부터 직원들을 지켜내기 위해 항상 복수
의 사람이 수치를 더블 체크해 부정과 거짓을 방지하는
관리 시스템을 구축했다.

부문별 독립채산제의 아메바 경영 하에서는 자기 부
문의 채산을 높이고자 하는 의식이 매우 강하기 때문에
이와 같은 더블 체크가 제대로 기능을 발휘할 수 있도
록 조직 체제와 룰을 구축하는 것이 중요하다. 구체적
으로는 자재의 수령, 제품의 입출하, 외상 잔고 회수에

이르기까지 모든 업무 프로세스에 있어서 복수의 직원 및 부서가 이중으로 체크하면서 업무를 추진해나가야 할 필요가 있다.

일반적인 제조 업체의 경우 제조 부문 안에 구매 기능을 두고 있는 기업이 많다. 구매 기능을 제조 부문 안에 포함시키는 것이 구입하는 자재의 다양한 사양이나 품질 등을 아주 구체적으로 지정하는 데 도움이 된다는 생각 때문이다. 그러나 제조 부문이 직접 원재료 등의 구매처를 선정하거나 단가 교섭에 임함으로써 거래 업체와의 유착과 같은 문제가 발생하는 경우가 꽤 있다.

이 때문에 교세라에서는 제조 부문으로부터 독립된 자재 부문을 따로 두고 있다. 이를 통해 제조 부문과 자재 부문이 '왜 특정 업체하고만 거래하려 하느냐', '이 업체의 단가가 오히려 더 싸다' 식으로 서로 지적하고 토론하여 거래 업체와의 유착을 사전에 방지할 수 있게 된다. 즉 자재 구입의 흐름을 복수의 부문이 서로 동시에 체크하도록 해서 조직적인 더블 체크가 작동하도록 했다.

자재 외에도 현금의 입출금, 회사 직인 취급, 금고 관리, 외상 잔고 또는 외상 금액 관리, 지불전표 발행 등 반드시 복수의 주체 또는 부서가 이중으로 체크하는 시스템을 회사 내부에 구축해서 정확한 경영 수치를 파악할 수 있도록 하고 있다.

완벽주의 원칙

현재 제품 품질에 대한 시장의 요구는 '불량품 제로'가 당연시되고 있을 정도로 엄격해 영업, 제조, 연구개발과 같은 모든 프로세스에서 문자 그대로 '완벽'한 작업이 요청되고 있다. 이는 경영 목표를 달성하는 것에서도 마찬가지다. 교세라에서는 수주, 매출, 생산 및 시간당 부가가치 등의 경영 목표에 관해서도 '100%에는 도달하지 않았지만 99%를 달성했기 때문에 이걸로 충분하지 않느냐'라는 자세는 절대 인정하지 않는다. 제조, 영업의 목표를 완벽하게 수행할 것을 요구하고 있다.

　경영관리 등 관리 부문도 다르지 않다. 시간당 채산표나 결산서 등은 경영 판단의 기초가 되는 것이어서 그 수치가 조금이라도 틀리게 되면 경영 판단을 잘못하게 된다. 그래서 경영 수치에 관해서도 늘 '완벽함'을 요청하고 있다.

모든 것이 100% 완벽할 수는 없다. 그러나 그렇다고 하더라도 완벽하게 하고자 하는 강한 의지가 있어야만 실수도 없어지고 또 목표를 달성할 수 있는 것이다.

근육질 경영의 원칙

아메바 경영에서는 불필요한 경비를 없애는 것을 중요한 과제로 설정하고 있다. 이를 위해 회사는 '근육질'이 되어야 한다. 여기서의 '근육질'이란 불필요한 군살이 전혀 없는 날씬한 체질을 의미한다. 즉 이익을 내지 못하는 재고나 설비 같은 여분 자산을 일절 가지지 않는다는 것이다.

그중에서도 부실 자산이 발생하지 않도록 장기 보관 재고를 엄격하게 관리하고 있다. 팔리지 않는 물건을 장기에 걸쳐 자산으로 계상해 형식상의 이익으로 인식하는 것이 아니라, 회사 실태에 맞춰 팔리지 않는 물건은 빨리 처리해서 자산을 슬림화하도록 유도하고 있다.

또 설비 투자에 의한 감가상각비나 인건비 같은 고정비도 알게 모르게 비대해지기 때문에 늘어나지 않도록 세심한 주의를 기울이고 있다. 설비 투자의 경우 성능이 아주 뛰어난 설비라 할지라도 신품을 쉽게 구입하는 것이 아니라 먼저 현재의 설비를 어떻게 하면 최대한 끝까지 사용할 수 있을지를 철저하게 궁리하도록 유도하고 있다.

최첨단 설비를 도입하면 생산성은 향상되지만, 그것이 비용 대비 효과로 본 경영 효율을 반드시 올려준다는 보장은 없다. 과잉 설비 투자를 반복하게 되면 회사의 경영 체질을 약화시키게 된다. 한 번 발생한 고정비는 쉽게 줄일 수 없기 때문에 고정비를 증가시키는 설비 투자 도입이나 증원은 그야말로 신중하게 이뤄져야 할 필요가 있다.

나아가 아메바 경영 하에서는 원재료 등의 구입에 있어서 '필요한 것을, 필요할 때, 필요한 만큼 구입하라'는 원칙을 룰로 설정하고 있다. 사용할 만큼만 구입하

게 되면 지금 있는 것을 소중히 사용하게 되어 불필요
한 군살도, 재고도 줄일 수 있기 때문에 재고 관리를 위
한 경비, 장소, 시간도 불필요해져 결과적으로는 매우
경제적이다.

나아가 시장이 급속히 변하기 때문에 재고를 보유하
고 있으면 상품 사양의 변경에 의해 동일한 재료를 사
용하지 못하게 되는 리스크도 있다. 그러나 '필요한 것
을, 필요할 때, 필요한 만큼 구입'하면 이와 같은 리스
크를 피할 수 있게 된다.

채산 향상의 원칙

기업은 영속적으로 발전해나가지 않으면 안 된다. 직원
의 물심양면의 행복을 추구하기 위해서는 채산을 향상
시켜 손에 쥐고 있는 현금을 늘려 재무 체질을 강화하
는 것이 전제가 된다. 채산 향상은 회사의 내부유보를
증가시켜 자기자본비율을 올림과 동시에 장래를 위한
새로운 투자를 가능케 해준다. 또 채산 향상에 의해 실

적을 올림으로써 주가를 상승시키거나 고배당을 실현하여 주주에게 보답하는 것도 가능해진다. 따라서 채산 향상은 회사를 번영시키기 위한 필요조건이라 할 수 있을 것이다.

그래서 실천해야 하는 경영의 원리 원칙은 실은 매우 간단한 것이다. '매출은 최대로, 경비는 최소로'라는 원리 원칙을 철저하게 실천하는 것이다. 아메바 경영에서는 이 원칙을 회사에서 실천하기 위해 앞서 언급했듯이 시간당 채산 제도를 도입하고 있다. 시간당 채산 제도에서는 아메바가 창출한 부가가치인 '순매출액net sales'을 올리기 위해 노력하는데, 이를 위해서는 매출은 최대한 늘리고 경비는 최소한으로 줄이면 된다. 나아가 순매출액을 총시간으로 나눈 시간당 부가가치에 의해 아메바 채산이 얼마나 향상됐는지를 일목요연하게 파악할 수 있다.

채산을 향상시키려면 리더가 회사를 발전시켜 모두를 행복하게 하기 위해 무엇보다도 자기 부문의 채산을 올리고자 하는 강한 의지와 사명감을 가져야 한다. 이와 같은 리더의 조건이 충족된 후에 리더의 의지와 사명감을 아메바의 멤버 전원과 공유해나가는 것이 중요하다. 리더와 현장의 직원이 평소 업무 과정에서 채산을 올리기 위해 일치단결해 노력하는 것이 결국 회사 전체의 채산 향상으로 이어지기 때문이다.

현금 중심 경영의 원칙

현금 중심 경영Cash-based management이란, '돈의 움직임'에 초점을 맞춘 간단한 행태의 경영을 말한다. 제조 업체는 제품을 만들어 이를 고객에게 판매해 대금을 지불받는다. 이를 위해 사용한 다양한 비용은 그 과정에서 손에 넣게 된 돈으로 지불한다. 원래 이익이란 이러한 지불이 다 완료된 후에 남은 돈을 말하는 것이다.

그런데 현대의 회계에서는 '발생주의'라 불리는 사고방식에 입각해 회계 처리를 하기 때문에 실제로 돈을 받는 것과 지불이 이뤄지는 시점과 이것이 수익과 비용으로 계상되는 시점이 서로 다른 경우가 나타난다. 이 때문에 실제 돈의 움직임과 결산서 손익의 움직임이 직결되지 않아 경영자가 경영 실태를 제대로 파악하지 못하는 경우가 많다.

그래서 회계의 원점으로 돌아가 경영상 가장 중요한 '현금'에 초점을 맞춰 그것을 토대로 정확한 경영 판단을 내려야 할 필요가 있다. 그렇기 때문에 시간당 채산표에서는 자재구입품에 관해 '필요한 것을, 필요할 때, 필요한 만큼 구입하라'는 원칙에 따라 자재를 구입한 시점에서 이를 모두 경비로 계상하는 등 그 달의 사업 활동에 의한 돈의 움직임을 있는 그대로 채산표에 반영하여, 현금의 움직임에 거의 가까운 회계 처리를 시행하고 있다.

회사 내부의 회계 처리와 시간당 채산의 룰은 바로 이와 같은 현금 중심 경영의 원칙에 따라 회계상 이익과 지금 손에 쥐고 있는 현금 사이에 개재介在되어 있는 것을 가능한 한 없애는 데 초점을 맞추고 있다.

공명정대하고 투명한 경영의 원칙

회계는 회사의 진짜 실태를 있는 그대로 회사 안팎에 공개해야 하는 것이다. 그렇게 때문에 경영 수치는 간부에서부터 말단 직원들까지 알기 쉽고 투명하게 전면 공개하는 것이 중요하다. 그렇게 하면 경영 실태가 제대로 파악되어 직원의 경영자 의식이 싹트게 되고, 또 간부는 자신의 행동이 직원의 눈에도 일목요연하게 드러나게 되면서 스스로를 엄격하게 통제 및 제어하고 공명정대한 행동을 취할 수밖에 없다. 또 상장기업의 경우 일반 투자가의 신뢰를 얻는 것이 매우 중요한 과제이기 때문에 공명정대한 회계 결과를 정확하게 공개해야 할 필요가 있다.

아메바 경영에서는 '전원 참가형 경영'을 지향하기 때문에 경영자만이 회사 실태를 파악하고 있는 것이 아니라 전 직원이 회사 경영 상황을 확인할 수 있는 투명한 경영에 주력해왔다. 교세라에서는 월초 조례를 통해 각 아메바와 각 부문의 경영 실적을 전면 공개한다. 나아가 경영 방침 발표 및 국제 경영 회의를 통해 교세라 그룹 전체의 상황과 또 앞으로 나아가야 할 방향 그리고 과제를 대대적으로 밝힌다. 그렇게 함으로써 사내의 도덕 수준을 높여 전원 참가형 경영을 강화해 전 직원의 힘을 결집시키고 있는 것이다.

4
실적 관리를 위한 포인트

시간당 채산 제도의 운용에 있어서는 각 아메바의 경영 상황을 있는 그대로 공개하기 위해 정확하고 신속하게 경영 수치를 파악하는 것이 포인트로 작용한다. 실적이 정확하게 파악되지 않으면 시간당 채산표가 각 아메바의 실태를 제대로 나타내지 못해, 현장에서 일하는 직원들이 그 수치를 자신의 실제 실적이라는 의식을 가지지 못하기 때문이다. 따라서 실적 수치를 정확하게 파악하기 위해 통일된 시스템과 관리 방법이 필요해진다. 그 상세한 내용을 설명하기 전에 먼저 실적을 관리하는 데 있어서 근본 원칙으로 인식해야 할 세 가지 포인트에 관해 순서대로 언급하고자 한다.

1. 각 부문의 역할에 입각한 활동 결과가 채산표에 정확하게 반영될 것.
2. 공정하고 간단해야 할 것.
3. 비즈니스 흐름을 '실적'과 '잔고balance'로 파악할 것.

각 부문의 활동 결과를 채산표에 정확하게 반영할 것

시간당 채산표는 각 부문이 그 역할에 의거해 활동한 결과인 '수입', '경비', '시간'이 그 부문의 실적으로 정확하게 계상된다는 것이 전제되어야 한다. 경영의 실태를 정확하게 공개해야 아메바 리더와 멤버들의 실적 수치에 대한 책임감이 싹트고 일과 업무에 대한 보람도 느낄 수 있다.

가령 자신의 활동과 직접적인 관계가 없는 본사로부터 과대한 부과금이 청구되면, 그 아메바의 정확한 경영 상황을 제대로 파악할 수 없게 되는 것은 말할 필요도 없고 조직을 구성하는 멤버의 사기마저 잃게 된다.

예를 들어 규모는 작지만 실적 향상을 위해 열심히 노력하는 아메바에게 본사의 부담금이 매우 큰 액수로 청구됐다고 하자. 그렇게 되면 자신이 열심히 일해도 '본사가 돈을 너무 많이 쓰기 때문에 우리가 그 과대한 부담을 짊어져야 한다' 라는 부정적인 인식을 낳게 되면서 현장의 제1선이 사기를 잃어버리고 마는 경우가 발생한다.

이 때문에 모든 실적 수치는 아메바의 어떤 활동에 의해 얼마만큼 발생했는지, 또 얼마만큼 발생해야 하는지를 회사 내부의 룰과 시스템이 명확하게 규정하지 않으면 안 된다.

공정하고 간단할 것

시간당 채산 제도의 운용을 위한 룰이 일부 부문에게만 유리하거나 불리한 그런 불공평한 것이라면 직원들이 회사 내부의 룰로서 인정하거나 그것을 납득할 리가 없다. 룰은 모든 부문에 대해 공정하지 않으면 제대로 운용할 수 없게 된다.

예를 들어 각 아메바가 생산한 제품에 대해 어느 시점에서, 또 어떤 상태를 '생산 실적'으로 계상할 것인가 하는 등의 문제에 관한 기준과 룰을 정해야 할 필요가 있다.

또 전문적인 지식을 가지지 않으면 이해할 수 없을 정도로 복잡하거나 어려운 것이 사내 룰로서 정착되는 것은 현실적으로 곤란하다. 따라서 원리 원칙에 의거해 명확한 의미를 가진 아주 간단한 룰을 구축하는 것이 중요하다.

간단명료한 룰이라면 전 직원이 쉽게 이해할 수 있게 되어 이들의 경영 참여에 대한 의식도 강화된다. 나아가 그 룰을 현장에 철저하게 적용함으로써 경영 수치의 정도精度를 끌어올릴 수 있다.

비즈니스 흐름을 '실적'과 '잔고'로 파악할 것

실적 관리 시스템을 구축하는 데 있어선, 그저 발생한 수치를 파악하는 것뿐만 아니라 비즈니스 흐름에 맞춰 늘 '실적'과 '잔고'의 형태로 관리하는 것이 중요하다. 수주, 생산, 매출 등의 실적에는 이에 대응한 잔고가 반드시 발생하기 때문에 늘 일대일 관계로 실적과 잔고를 관리해야 한다.

고객으로부터 받은 주문은 먼저 '수주 실적'으로 계상된다. 이는 수주를 바탕으로 제품이 완성된 후의 '생산 실적'이 계상되기 전까지는 '제조 수주 잔고'로 관리되며, 영업이 제품을 출하해 '매출 실적'이 계상되기 전까지 '영업 수주 잔고'로 관리된다.

나아가 생산 실적이 계상된 시점에서부터 매출 실적이 계상되기까지의 기간을 '재고', 그리고 매출 실적이 계상되고 나서 대금이 회수될 때까지는 '외상 잔고'로 처리해 각각 관리하고 있다. 수주 생산의 경우 이러한 실적 관리 및 잔고 관리의 흐름을 나타낸 것이 다음 그림이다.

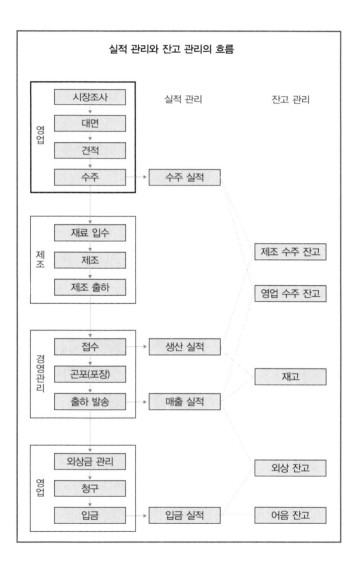

실적 관리와 잔고 관리의 흐름

| 영업 | 실적 관리 | 잔고 관리 |

- 시장조사
- 대면
- 견적
- 수주 → 수주 실적

제조
- 재료 입수
- 제조
- 제조 출하

제조 수주 잔고

영업 수주 잔고

경영관리
- 접수 → 생산 실적
- 곤포(포장)
- 출하 발송 → 매출 실적

재고

영업
- 외상금 관리
- 청구
- 입금 → 입금 실적

외상 잔고

어음 잔고

각 아메바의 시간당 채산표에는 실적 수치만 나타나 있다. 그러나 회사의 경영 수치로서 실적 수치가 늘 잔고와 함께 일체적으로 관리되고 있어 각 아메바에서도 잔고가 늘 의식될 수밖에 없다. 특히 수주잔고는 앞으로의 매출 계획 및 생산 계획을 세우기 위한 전제로 작용하는 매우 중요한 경영 지표다.

이와 같이 '실적'과 '잔고'를 늘 관련지어 파악하고자 하는 것은 회사 전체의 경영 수치에 모순이 발생하지 않도록 매 순간 일대일 대응을 성립시키기 위한 것이다.

예를 들어 수주 생산 비즈니스에서는 수주 이후 제품을 생산하고 출하해 대금을 회수하는 흐름을 보이는데, 하나의 주문에 대해 '수주 금액', '생산 금액', '매출 금액', '입금 금액'과 같은 여러 실적 수치를 일련의 연속적인 것으로 파악하고 있다. 이와 동시에, 이와 같은 각 실적에 대응하는 '수주 잔고', '재고', '외상 잔고'와 같은 잔고 역시 일련의 것으로 파악하고 있다.

이처럼 비즈니스 흐름을 일대일로 체크하는 것은 경영 실태를 있는 그대로 파악할 수 있게 하고, 또 현재 회사가 어떠한 상태에 있는지를 명확하게 하여 결국 정확한 경영 판단을 내릴 수 있도록 하는 기초로 작용한다.

5

수입을 파악하는
방법

아메바 '수입'을 파악하는 세 가지 시스템

앞서 시간당 채산 제도의 실적 관리 포인트에 관해 설명했는데, 다음으로 채산을 계산하는 데 필요한 각 실적, 즉 수입, 경비, 시간을 어떻게 파악하면 되는지 살펴보고자 한다. 교세라의 예를 들어 그 방법에 관해 설명하겠다.

앞에서 언급했듯이, 교세라는 창업기에 고객이 요구하는 사양에 맞춰 제품을 만드는 '수주 생산' 형태를 중심으로 사업을 해왔다. 이 형태는 재고를 감당해야 하는 리스크가 적은 반면 고객마다 선호하는 제품의 사양, 납기, 가격 등이 모두 다른 다품종 생산을 의미한다. 급격하게 변화하는 시장에서 이와 같은 다양한 제품을 제대로 채산 관리하기 위해 시장 가격 동향을 나타내는 수주 금액이 직접 제조 부문으로 전달되는 시스템(이를 '수주 생산 방식'이라 부른다)을 구축했다.

그 후 교세라는 카메라, 프린터 등의 사업을 전개하면서 기존의 수주 생산뿐 아니라 재고를 보유해 일반 소비 시장에도 직접 상품을 판매할 수 있게 되었다. 이러한 형태는 영업 부문이 상품이 얼마나 팔려나갈지를 정확하게 예측하고 스스로의 책임 하에 재고를 보유해 판매한다. 시장에 상품을 적기에 제공하기 위해 제조 부문은 고객의 주문에 의해 생산하는 것이 아니라 영업 부문의 사내 발주를 받고 생산에 임하게 된다.

이는 앞에서 언급한 '수주 생산 방식'과 달리 재고를 보유하면서 완성품을 판매하는 형태, 즉 '재고 판매 방식'이라 부르는데, 여기서 교세라는 비즈니스 방식에 따라 아메바의 수입을 정확하게 파악하는 시스템을 각각 구축했다.

또 각 아메바끼리 사내 거래를 하기 때문에 '사내 매매' 로서 수입을 파악하는 시스템까지 아메바 경영에는 수입을 파악하는 세 가지 메커니즘이 작동되고 있다. 그럼 각 시스템에 대해 살펴보도록 하자.

① 수주 생산 방식

나는 교세라 창업 초기부터 '고객이 가격을 결정하는' 시장 가격을 전제로 하고 경영을 해왔다. 따라서 원가를 쌓아올려 제품의 가격을 결정하는 것이 아니라 먼저 시장 가격에서 출발해야 한다는 일념 하에, 그 가격으로 충분한 이익을 올릴 수 있도록 철저한 원가 절감cost down에 경영의 초점을 맞췄다. 즉 '원가+이익=판매 가격' 으로 표현되는 식을 머리에서 지우고 '판매 가격−원가=이익' 이라는 식만을 생각하며 매출 증대, 경비 삭감에 철저하게 대응한 것이다.

자유 경쟁의 시장경제 하에서는 시장에서 가격이 결정된다. 기업은 그 가격을 기준으로 지혜와 노력을 통해 원가를 줄이고 이익을 낸다. 그러나 시장 가격을 베이스로 한다 하더라도 시장은 끊임없이 변화해 시장 가격 역시 그에 맞춰 항상 변화하게 되어 있다. 한 달 전의 판매 가격으로 이번 달에도 고객이 구입해준다는 보장은 그 어디에도 없다.

시장 가격의 급격한 변화에 대응하기 위해서는 영업 부문뿐 아니라 회사 전체가 시장 동향을 정확하게 파악해 이에 적응해갈 수 있는 체제를 구축하는 것이 필요하다. 이를 위해서는 시장 정보가 논스톱으로 직접 사내에 반영될 수 있도록 하는 채산 관리 메커니즘이 무엇보다도 필요했다.

제조업의 이익 관리 방식을 보면 일반적으로 영업 부문은 이익을 내는 채산 부문profit center으로, 또 제조 부문은 경비를 지출하는 비채산 부문cost center으로 파악하고 이익은 영업에서 관리하는 것이 맞다고 생각하는 회사가 꽤 많다. 이 때문에 제조 부문은 비채산 부문으로서 목표로 설정한 원가에 의식이 집중되는 경향이 생겨난다.

바꿔 말하면, 영업 부문이 아무리 많이 팔아도 제조

부문에는 직접적인 영향이 없기 때문에 제조 부문은 오로지 원가 절감에만 신경 쓰면 된다고 생각하는 기업이 대부분이다. 이와 같은 회사들이 시장의 움직임에 적기에 대응하는 것이 가능할 리 없다.

　나는 실제로 물건을 만드는 제조 부문이야말로 이익의 원천이라 생각한다. 그래서 제조 부문이 시장 정보를 직접 전달받아 그것을 생산 활동에 곧바로 반영시키는 것이 매우 중요하다고 생각한다. 이와 같은 문제의식에 따라 시장 가격의 움직임에 회사 내 제조 부문 아메바의 수입이 직접 연동할 수 있게 매출 금액을 그대로 제조 부문의 수입에 상당하는 생산 금액이 되도록 했다. 즉 생산 금액을 매출 금액으로 대체시켰던 것이다. 또 제조 부문과 고객 사이에서 중개 역할을 하는 영업 부문은 매출에 대한 일정 비율의 수수료를 제조 부문으로부터 챙겨 그것을 수입으로 파악하게끔 했다.

　교세라의 경우 제조 부문에서는 고객에 대한 매출 금액, 즉 한 달간의 생산 금액에서 제조 활동을 위한 비용(영업수수료 및 제조원가)을 뺀 금액을 '순매출', 그리고 영업 부문에서는 한 달간의 영업수수료에서 영업 활동에 소요된 경비를 뺀 금액을 '순이익' 이라 부르고 있다.

결국 '고객에 대한 매출액=제조 부문의 생산 금액' 이라는 항등식을 철저하게 적용함으로써, 제조 부문은 늘 시장 가격을 파악할 수 있다. 제조 부문은 그저 주어진 원가를 절감하는 데 그치는 수동적인 조직이 아니라, 시장의 동향을 먼저 파악하는 적극적인 조직으로 작용한다는 것이 아메바 경영의 중요한 특징이다. 이는 그저 '제조 부문에서도 자기 부문의 수입과 이익을 계산할 수 있다' 는 것을 의미하는 데 그치지 않는다.

일반적인 기업의 경우 제조 부문은 목표로 하는 원가 범위 내에서 제품을 만들고 또 '이익은 영업 부문이 만들어내는 것' 으로 인식하고 있지만, 교세라에서는 영업 부문이 제조 부문으로부터 일정한 수수료를 받고 이 돈으로 그들의 영업 활동에 소요된 경비를 처리함과 동시에 약간의 이익을 올리는 시스템이 작용하고 있다. 이 때문에 교세라에는 '이익의 원천은 제조 부문에 있다' 라는 의식이 매우 강하다. 즉 시장 동향에 맞춰 제조 부문은 총생산을 확대하고 경비를 최소로 억제함으로써 보다 큰 이익을 창출할 수 있는 것이다.

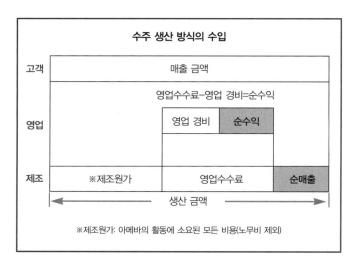

수주 생산 방식의 수입

고객	매출 금액		
영업	영업수수료−영업 경비=순수익 영업 경비 / 순수익		
제조	※제조원가	영업수수료	순매출

생산 금액

※제조원가: 아메바의 활동에 소요된 모든 비용(노무비 제외)

영업 부문 수입은 수수료가 원천

그렇다면 왜 영업 부문의 수입을 제조 부문으로부터 수수료를 받아 확보하는 방식으로 정했는지 그 배경을 설명하고자 한다.

회사 내부에서 부문별 독립채산 제도를 운영할 경우 영업이 제조와 흥정해 매매 가격을 결정하는 방법도 있을 수 있다. 그럴 경우 장사에 욕심이 있는 영업은 자기 부문의 이익을 지나치게 많이 챙기려 한 나머지 제조로부터 가능한 한 제품을 싸게 사려고 하게 되며, 또 제조는 영업에게 가능한 한 제품을 비싸게 팔려고 하게 된다. 그 결과 양자는 가격 흥정으로 심하게 대립할 수밖에 없고 사업 전체의 이익은 나 몰라라 하는 경향을 보이게 되는 것이 일반적이다. 그와 같은 경향 하에서는 각 아메바가 자신의 독립채산만을 중시하기 때문에 영업과 제조 관계는 대립 국면으로 치닫게 된다.

그래서 수주 생산 방식의 사업을 전개하고 있던 교세라는 생산 금액의 10%를 수수료 명목으로 영업 부문이 제조 부문으로부터 받는다는 회사 내부 룰을 정했다. 그러자 제조 부문과 영업 부문이 가격 흥정으로 서로 대립하는 일이 없어졌다. 물론 10%라고 하는 한정된 수수료밖에 챙길 수 없기 때문에 영업 부문의 사기가 땅에 떨어지는 것이 아닌가 하는 걱정도 있었다. 그러나 매출 금액을 늘리게 되면 수수료의 절대치도 늘어나는 것이기 때문에 영업 부문 입장에서도 손해 보는 장사가 아니라는 인식을 갖고 영업 노력의 동기를 찾을 수 있었다. 결과적으로 이 방법에 의해 영업 부문도 이익을 올리고자 하는 노력을 아끼지 않게 되었던 것이다.

영업수수료율은 비즈니스 형태나 취급하는 제품 종

류에 따라 서로 다르게 설정했으며 또 원칙적으로 변경하지 않는 것으로 정했다. 가령 수수료율을 주문별로 또는 그때그때 다르게 적용한다면 처리가 곤란해질 뿐만 아니라 기준이 통일되지 않아 공평하지 못하다는 불만이 커질 수밖에 없기 때문이다. 만약 회사 내부에 이러한 형평성 문제가 제기되면 결국 채산 악화의 이유는 수수료율에서 찾을 수밖에 없다. 설정된 수수료율은 어디까지나 회사 내부의 중대한 룰로 인식해 그와 같은 제약 하에서 채산을 추구해나가는 것이 중요하다.

시장의 움직임을 전해주는 수치의 흐름

이와 같은 수주 생산 방식에 초점을 맞춰 실제의 수치를 적용해보자.

예를 들어 원가 60엔의 제품을, 1개 100엔에 1만 개 판매하고 있다고 하자. 매출 금액은 100만 엔이 되며 제조 부문의 생산 금액도 100만 엔이 된다. 영업 부문은 영업수수료 명목으로 매출의 10%, 10만 엔을 챙기게 되는데 이것이 영업 부문의 수입이 된다. 반면에 제조 부문의 경우 생산 금액 100만 엔에서 생산에 소요된 경비 60만 엔과 영업수수료 10만 엔을 뺀 30만 엔[=100만 엔−(60만 엔+10만 엔)]이 순매출이 된다.

그런데 시장에서 경쟁이 격화되어 이 제품의 판매 가격이 1개 90엔으로 떨어졌다고 하자. 제조 부문의 생산 금액은 90만 엔으로 줄고 영업수수료는 9만 엔으로 떨어진다. 제조원가가 그대로 60엔이라 한다면 제조 부문의 순매출은 21만 엔으로 자그마치 9만 엔이나 수입이 급감하게 되는 것이다. 즉 판매 가격이 변하자마자 제조 부문은 자신의 채산에 어떤 영향이 있을지를 바로 알게 된다. 그래서 제조 부문은 채산을 회복시키기 위해 판매 가격 변동을 알게 된 순간 곧바로 원가 절감을 단행하게 되는 것이다.

반면 일반적으로 표준원가계산을 적용하고 있는 회사에서는 영업 부문이 제조 부문으로부터 제조원가를 도매가격으로 해서 제품을 사들이는 경우가 많다. 그 때문에 회사 안에서 채산을 파악하고 시장 가격 하락에 민감하게 반응할 수 있는 것은 영업 부문밖에 없게 되는 것이다. 채산 면에서 직접적인 영향을 받지 않는 제조 부문은 영업 부문으로 넘길 때 적용되는 도매가격이 변경되지 않는 한 이와 같은 시장 가격 하락 사태에 제대로 대응할 수 없게 된다. 물론 영업 경비 삭감만으로는 채산 개선을 위한 근본적인 타개책이 될 수 없다. 결국 제조 부문의 대응이 지연되면 회사의 채산은 보다 악화될 수밖에 없는 것이다.

영업 부문에 스피드가 요청되고 있는 지금, 시장의 변화에 대한 기업의 반응 또는 감도感度의 차이는 그대로 기업 경쟁력의 차이로 나타난다. 제조 부문이 시장을 의식하도록 하는 것은 제조 부문의 채산 의식을 향상시켜 그 체질을 절대적으로 강화시켜나가는 매우 중요한 요인으로 작용한다.

제조 부문은 판매 가격의 변화에 따라 그 채산에 큰 영향을 받기 때문에 자기 부문의 원가 절감뿐 아니라 고객과 어떠한 가격 교섭을 해야 하는지, 또 앞으로의 수주 동향은 어떻게 될 것인지 하는 문제를 영업 부문과 함께 고민하며 대응하게 된다. 그 결과 '제조와 판매가 일체가 되는' 경영이 실현되는 것이다.

② 재고 판매 방식

이전의 수주 생산 방식에서는 수주하고 나서 생산해 고객에게 직접 납품하는 형태였기 때문에 판매점이나 도매와 같은 유통망은 거의 필요하지 않았다. 그러나 교세라는 다양한 분야로 사업을 다각화한 결과 카메라나 프린터, 재결정보석 등 유통망을 활용해 보다 넓은 시장에 판매하는 사업을 전개하게 되었다. 그 때문에 재고를 보유해 판매하는, 이른바 '재고 판매 방식'이 필요

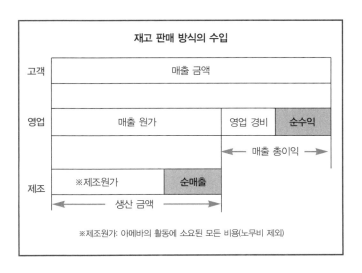

재고 판매 방식의 수입

고객	매출 금액		
영업	매출 원가	영업 경비	순수익
		매출 총이익	
제조	※제조원가	순매출	
	생산 금액		

※제조원가: 아메바의 활동에 소요된 모든 비용(노무비 제외)

해졌다.

아메바 경영의 재고 판매 방식에서는 영업 부문과 제조 부문이 서로 협의해 상품의 희망 소매 가격을 정해 각 유통 단계에서의 가격 모델을 설정하고, 교세라 판매 가격과 영업 부문과 제조 부문 간의 사내 매매 가격을 결정한다. 재고 판매 방식에서는 실제 매출 금액에서 생산 금액을 뺀, 이른바 매출 총이익이 영업 부문의 수입이 된다.

원가로 제품을 넘기지 않는다

일반적인 제조 업체와 같이 영업 부문과 제조 부문 사이에서 원가 또는 도매 가격으로 제품을 거래하는 형태에서는, 제조 부문은 과거의 제조원가를 베이스로 한 표준원가를 미리 설정하고 이를 토대로 어디까지나 비채산 조직으로서 생산 활동에 임한다. 이로 인해 원가를 관리하는 것에만 염두해 채산에 관한 의식은 전혀 없다. 또 시장의 움직임이 직접적으로 전달되지 않기 때문에 예상 밖의 시장 가격 변동에 맞춰 유연하게 원가 목표를 변경해 대응하기가 곤란하다.

반면 아메바 경영의 재고 판매 방식에서는 제조에 소요되는 원가를 합친 가격이 아니라 시장 가격을 토대로 영업 부문과 제조 부문 사이에서 결정된 사내 매매 가격이 생산 금액이 된다. 따라서 시장 동향이나 판매 예측을 베이스로 영업 부문이 제조 부문으로 발주할 수 있도록 영업과 제조 사이에서 수발주 관리가 이뤄진다.

이에 따라 영업이 시장의 변화에 대해 객관적인 판단을 내린 뒤에 생산 지시를 건네고 또 이 지시에 의해 제조는 생산에 임하게 된다. 또 제조 부문은 생산 금액에 의해 계산되는 사내 매출을 수입으로 파악할 수 있기 때문에 제조 부문 역시 당연히 채산을 관리할 수 있게 된다. 그 결과 제조 부문은 채산 조직으로서 자신의 채산을 향상시키고자 멤버 전원의 힘을 결집하는 것이 가능해진다.

아메바 경영의 재고 판매 방식에서는 시장 가격이 떨어지면 당연히 영업과 제조 간 생산 금액도 떨어지게 된다. 그렇게 되면 제조 부문의 아메바는 채산 악화를 막기 위해 적극적으로 원가 절감을 단행해 채산 개선에 최선을 다해 임한다.

이와 같이 수주 생산 방식과 마찬가지로 재고 판매 방식에도 시장 가격 하락이 회사 내부에 직접 전달되어 각 아메바 채산에 반영되기 때문에 각 아메바가 시장의 변화를 직접 감지해 채산을 유지하고 향상시키기 위한 대응을 신속하게 취할 수 있게 된다.

재고 관리는 영업 부문의 책임

재고 판매를 하는 데 있어서 중요한 포인트는 회사 자산의 건전성을 유지할 수 있도록 재고를 얼마나 최소한의 수준으로 유지할 수 있는지 하는 것이다. 일반적으로 제조는 상품을 생산하면 생산 실적을 올릴 수 있게 된다. 이 때문에 단기적인 채산에만 몰두하면 시장의 동향에 주의를 기울이지 않고 오로지 생산만을 의식하게 되어, 정신을 차렸을 때는 이미 팔리지 않는 재고가 산처럼 쌓이게 되는 위험성이 있다.

이와 같은 사태를 미연에 방지하기 위해 아메바 경영에서는 영업 발주에 따라 제조가 생산을 완료해 영업으로 건네준 재고는 영업이 책임을 지게 되어 있다. 그 책임을 완수하려면 영업은 재고를 최소한의 규모로 억제하기 위해 시장 동향을 적확히 분석하고, 가능한 한 정확한 판매 예측과 가격 예측을 토대로 필요한 수량만을 제조 부문에 적정 가격으로 사내 발주한다. 따라서 판매 예측 및 가격에 착오가 생겨 어쩔 수 없이 폐기 처리를 해야 하는 경우에는 영업의 부담으로 처리한다.

또 시간당 채산 제도에서는 재고에 대한 사내 금리를 시중 금리보다 높게 설정해 이를 영업 경비로 징수하게 되어 있어서, 영업의 재고에 대한 책임 및 부담이 보다 명확해질 수 있도록 관리하고 있다. 영업이 책임을 지고 재고를 관리해야만 회사의 재고를 최소한의 규모로 유지하면서 매출을 확대해나가는 것이 가능하다.

영업 경비를 최소화한다

수주 생산 방식의 영업에서는 고객에게 직접 판매하는 관계로 영업 비용이 적게 들어간다. 때문에 영업수수료율이 낮게 설정되어 있으며, 그 수수료로 영업 경비를 조달하고 또 이익을 남긴다. 반면 재고 판매의 경우 판매점 등과 같은 유통 채널을 통해 상품을 판매하기 때문에 재고 리스크가 커서 광고 및 홍보도 필요해지고 또 판매점과 대리점 등에 판촉비를 지출하지 않으면 안 된다. 그래서 수주 생산 방식의 영업에 비해 다액의 영업 경비가 발생할 수밖에 없다.

일반적인 회사에서는 총이익이 많이 나는 부문은 다소 경비를 써도 다른 부문에 비해 충분히 이익을 올릴 수 있기 때문에 과잉 접대 등에 경비를 낭비하다가 결국 회사 전체의 수익성이 떨어져버리는 경우를 많이 접한다.

아메바 경영에서는 재고 판매이건 수주 생산이건 영업에 소요되는 경비를 최소 수준으로 억제하는 것을 경영의 원리 원칙으로 삼고 있다. 특히 재고 판매의 영업 부문은 수주 생산에 비해 판매 경비가 더 많이 들 수밖에 없기 때문에 총이익률을 상대적으로 높게 설정하고 있어 모르는 사이에 경비 규모가 급격히 비대해지는 경우가 있다. 이와 같은 현상이 발생하지 않도록 항상 불필요한 지출을 없애고 경비를 최소 규모로 억제하는 노력을 게을리해서는 안 된다.

③ 사내 매매

제품이 완성되어 출하될 때까지는 사내의 다양한 공정을 거친다. 아메바 경영에서는 이러한 공정 간 이동에 있어서도 회사 외부의 시장과 동일하게 사내 거래를 행한다. 이와 같은 공정 간 물건과 돈의 흐름을 파악하는 시스템이 바로 '사내 매매' 다.

일반적으로 사업부제 등을 도입하고 있는 기업에서는 사업부 간 매매를 시장 가격으로 행한다 하더라도 제조 공정 간에는 원가 또는 시간 요금으로 물건을 주고받는 경우가 많다. 이전 공정까지의 원가에 자기 공정에서 발생하는 원가를 더해가는 방식이다. 그러나 아메바 경영에서는 그와 같은 원가 기준의 공정 간 거래를 하지 않는다. 회사 내부 거래라 할지라도 아메바는 어디까지나 하나의 기업체로서 그 거래를 통해 이익을 창출하고 또 자주적이고 독립적인 경영을 해나가는 시스템이 관철되고 있다.

그래서 회사 외부 업체와의 거래와 마찬가지로 아메바 경영에 있어서도 재료나 반제품을 제품으로서 주고

받음과 동시에, 이를 '사내 판매' 또는 '사내 구매'로 간주해 그 실적 수치를 계상하는 형태로 매매를 하고 있다. 물론 이때의 매매 금액에 관해서는 각 아메바가 자기 조직의 경영 상황을 고려해 서로 교섭한다. 그러나 여기서 중요한 것은 회사 내부라 할지라도 각 아메바가 자기 조직이 챙겨야 할 적당한 수준의 몫을 설정하는 것이 아니라 어디까지나 시장 가격을 기본으로 가격을 결정하고 있다는 점이다. 또 모든 아메바는 가격, 품질, 납기에 관한 조건을 제대로 충족하고 있는지를 시장의 관점에서 철저하게 평가받는다.

이와 같이 제조 공정에 대해서까지 시장 원리를 적용하고 있기 때문에 각 아메바는 경쟁력을 높여나가지 않으면 안 된다. 또 아메바가 채산을 추구함으로써 이후 공정에 대한 품질보증도 확립될 수 있다.

예를 들어 다음 그림과 같이 A, B, C의 공정이 있고, 최종 출하를 담당하는 공정 C 아메바가 영업 부문으로부터 수주 금액 100만 엔의 주문을 받았다고 하자. 공정 C 아메바는 전 공정인 공정 B 아메바에게 70만 엔의 재료 또는 반제품을 발주한다. 공정 B 아메바도 공정 C

아메바와 마찬가지로 공정 A 아메바에게 30만 엔의 재료 또는 반제품을 발주한다.

공정 A 아메바는 공정 B 아메바에 대해 발주된 재료 또는 반제품을 납품함으로써 30만 엔의 '사내 판매'가 계상되어 총생산은 30만 엔이 된다. 이와 마찬가지로 공정 B 아메바의 경우 공정 C 아메바에 대한 '사내 판매' 70만 엔에서 공정 A 아메바로부터의 '사내 구매' 30만 엔을 뺀 40만 엔이 총생산이 된다. 또 공정 C 아메

아메바 간 사내 매매

← 사내 발주
↔ 상품과 돈의 흐름

| 공정 A 아메바 | ↔ | 공정 B 아메바 | ↔ | 공정 C 아메바 | ➡ | 회사 외부로 출하 |

	공정 A 아메바	공정 B 아메바	공정 C 아메바	제조 누계
사외 출하			100	100
사내 판매	30	70		100
사내 구매		30	70	100
총생산	**30**	**40**	**30**	**100**

단위: 만 엔

바는 사외 출하 100만 엔을 계상함과 동시에 공정 B 아메바로부터의 '사내 구매' 70만 엔을 각각 계상한다. 따라서 사외 출하에서 '사내 구매'를 뺀 총생산은 30만 엔이 된다.

이와 같이 아메바 간에 '물건'이 흘러갈 때에는 이른바 원가 베이스가 아니라 자신의 부가가치를 포함한 사내 매매 가격으로 '물건'을 주고받는 거래가 이뤄지게 된다. 이와 같은 흐름에 맞춰 각 아메바는 독립채산에 의해 경영에 임한다.

영업수수료도 각 아메바가 공평하게 부담한다

각 공정 간 사내 매매에 있어서는 수입인 생산 금액뿐 아니라 발주처인 다음 공정에 대해 사내 수수료를 지불하는 시스템이 작동되고 있다. 이는 최종 공정에 있는 제조 부문이 영업 부문에 대해 지불하는 영업수수료를 각 공정이 공평하게 부담하도록 한 것이다.

실제로 공정 A 아메바는 다음 공정에 해당하는 공정 B 아메바에 대해 사내 판매를 계상할 때, 생산 금액 30만 엔에 대해 영업수수료율 10%에 해당하는 수수료 3

영업수수료 부담액

	공정 A 아메바	공정 B 아메바	공정 C 아메바	제조 합계	영업 부문
사외 출하			100	100	
사내 판매	30	70		100	
사내 구매		30	70	100	
총생산	30	40	30	100	
지불수수료	3	7	10	20	
수취수수료		3	7	10	10
영업수수료 부담액	3	4	3	10	

단위: 만 엔

만 엔을 지불한다. 이와 마찬가지로 공정 B 아메바는 공정 A 아메바로부터 수수료 3만 엔을 받고 또 동시에 다음 공정에 해당하는 공정 C 아메바에게 수수료 7만 엔을 지불한다. 공정 C 아메바는 공정 B 아메바로부터 수수료 7만 엔을 받고 영업수수료로서 10만 엔을 지불하는 형태가 된다.

이와 같은 메커니즘에 따라 각 아메바 수입인 생산 금액(사내 판매, 사내 구매)과 마찬가지로 영업수수료와 관련해서도 각 아메바가 공평한 룰 아래서 부담하고 있다.

한 제품별로 채산을 고려하다

각 아메바 간에는 원가 베이스가 아니라 제조원가에 자기 부문의 부가가치를 포함한 금액으로 매매가 이뤄지는데, 이와 관련해 중요한 것은 아메바 간의 '가격 결정'이다. 여기서의 가격 결정에는 기준이 되는 계산식 등과 같은 회사 내부의 룰이 따로 있는 것이 아니다. 회사 간 거래와 마찬가지로 아메바 리더끼리 서로 교섭해서 결정하는 것이다. 2장에서 언급했듯이 각 아메바 리더는 시장 가격을 베이스로 해서 각 아메바가 납득할 수 있도록 사내 매매 가격을 결정한다.

이때 매매하는 제품 하나하나의 채산을 고려해 매우 엄밀한 가격 결정이 이뤄진다. 고객으로부터의 수주 안건별로 사내 매매의 가격 역시 늘 일대일로 설정되기 때문에 '이 제품은 가격이 비싸기 때문에, 좀 싸게 해주겠다'라는 등 제멋대로 매매할 수 없게 되어 있다. 이는 품종별로 항상 변동하는 매매 가격과 코스트를 일대일 대응으로 파악하지 않으면, 고객으로부터의 수주에 대해 제조 부문 전체가 채산 관리하는 것이 불가능해지기 때문이다. 이와 같이 각 아메바는 자신이 처해 있는 상황, 즉 시장 가격, 생산성 등을 고려해 한 제품 한 제품의 채산을 시뮬레이션하면서 가격을 결정한다. 그러한 메커니즘 속에서 각 아메바의 리더는 경영자로서의 의식과 능력을 배양할 수 있게 되는 것이다.

그러나 아메바 리더 사이에는 아무래도 이해관계의 대립으로 인해 여러 트러블이 발생할 가능성도 있다. 그럴 경우 양 아메바를 총괄하는 책임자가 늘 공평하고 정대한 판단을 내려 잘 중재해나가는 것이 필요하다. 한쪽 아메바의 말만 듣고 최종 결정을 내리면 불공평한 것이 되기 때문에 각 아메바가 자기 조직의 채산에 대한 책임 의식이 흐려지게 된다. 따라서 상사가 쌍방의 주장과 논리를 잘 듣고 어느 쪽이 옳은지를 잘 가려내야 한다는 관점에서 지도하지 않으면 안 된다. 상사는 어디까지나 공평하고 적절하게 판단을 내려 전체를 조정하는 역할을 감당해야 한다. 그 때문에 최종적으로 판단하는 최고경영자 또는 사업부장 등은 아메바 리더들이 납득할 수 있는 올바른 판단 기준과 훌륭한 인격을 동시에 갖춰야 하는 것이다. 즉 경영철학을 체득하는 것이 중요하다.

시장의 가격 변화 대응력이 회사 내부에 형성되다

아메바 간 매매가 이뤄지면 회사 내부의 전표 처리 등 과 같은 사무 작업도 꽤 많이 발생하게 된다. 그러나 일부러 그런 세세한 업무를 하는 목적은 영업을 매개 로 외부 시장과 연결됨으로써 시장 동향을 각 제조 공 정에 전달하는 것에 있다. 영업 부문이 고객으로부터 수주한 단계에서 매매 가격이 떨어지면 자동적으로 각 공정 간 매매에도 큰 영향이 나타나기 때문에 각 아메바는 즉시 원가 절감을 위한 대응을 취하게 되는 것이다.

나아가 다양한 아메바가 회사 내부에서 매매를 지속 적으로 반복하기 때문에 회사 안에도 시장이 형성된다. 예를 들어 동일한 가공이 가능한 아메바가 복수 존재하 면 유리한 조건을 제시하고 있는 아메바를 선별해 이와 거래하는 것도 가능하다.

또 사내의 아메바에 원가나 품질 면에서 문제가 있으 면 생산을 회사 외부에 의뢰하는 것 역시 가능하다. 이

와 같이 사내에 시장이 형성됨으로써 아메바 간 경쟁의

식이 고조되어 결과적으로 회사 전체의 경쟁력 강화에

기여하게 되는 것이다.

6

경비를 파악하는
방법

'매출은 최대로, 경비는 최소로' 하는 것이 경영의 요체임은 이미 앞서 강조했다. 여기서 언급하려는 '경비를 파악하는 방법'이란 '경비를 최소로' 한다는 경영의 원리 원칙에 밀접하게 관련되어 있다.

경비를 최소화하기 위해서는 최고경영자가 솔선해서 경비 삭감 활동을 펼칠 필요가 있다. 그러나 동시에 현장에서 일하는 모든 직원들이 '경비를 줄이자'라는 강한 의식을 가지고 있어야 한다. 이 때문에 현장에서 자신들이 어떠한 경비를 얼마만큼이나 쓰고 있는지 실태를 정확하게 파악할 수 있도록 하는 시스템을 구축하는 것이 그 전제로 작용하게 된다.

　시간당 채산표에서는 현장에서 채산을 관리하는 데 중요한 경비로 압축해 경비 항목을 설정하고 있다. 시간당 채산표에 명기되어 있는 구체적인 경비 항목은 256~257쪽의 표를 통해 알 수 있다.

구입 시점에 바로 경비를 계상한다

시간당 채산 제도 하에서 경비를 계상할 경우 몇 가지 지키지 않으면 안 되는 룰이 있는데, 이를 여기서 설명하고자 한다.

　첫째, 시간당 채산 제도에서는 아메바에 관련된 월차 내 발생한 모든 비용을 경비로 계상한다. 제조 아메바의 경우 구입 원재료, 전기료, 설비의 감가상각비, 외주 가공비, 수선비 등과 같은 생산 활동에 소요되는 경비가 포함된다. 게다가 간접공통경비와 영업수수료 등도 아메바의 경비가 된다. 단 시간당 채산표는 손익계산서와는 달리 시간당 부가가치를 계산하기 때문에 경비 항

제조 부문 시간당 채산표 항목

항목			항목	
총출하액	A		기타 노무 관련비	F18
사외 출하	B		기술료	F19
사내 판매	C		보수 서비스비	F20
상품	C1		여비교통비	F21
자기 · 부품	C2/D2		사무용품비	F22
원료 · 성형	C3/D3		통신비	F23
소성	C4/D4		공과요금	F24
도금	C5/D5		시험연구비	F25
가공	C6/D6		위촉보수	F26
기타	C7/D7		설계위탁비	F27
설비 보수	C8		보험료	F28
사내 구매	D		임대료	F29
총생산액	E		잡비	F30
공제액	F		잡수입 · 잡손실	F31
원재료비	F1		고정자산 처분손익	F32
금속도구비	F2		고정자산 금리	F33
상품사입액	F3		재고 금리	F34
부자재비	F4		감가상각비	F35
처분 이익	F5		내부 경비	F36
내부 보수비	F6		부내 공통비	F37
금형비	F7		공장 경비	F38
일반 외주비	F8		내부 기술료	F39
협력회사비	F9		영업 · 본사 경비	F40
소모품비	F10		**순매출**	G
소모 공구비	F11		**총시간**	H
수선비	F12		정규시간	H1
전기 · 수도요금	F13		초과근무시간	H2
가스연료비	F14		부내공통시간	H3
포장용품비	F15		간접공통시간	H4
포장운임	F16		**당월 시간당 부가가치**	I
기타 급여	F17		**시간당 생산액**	J

영업 부문 시간당 채산표 항목

항목			항목	
수주		A	기타 노무 관련비	D23
총 매출액		B	소모 공구비	D24
수주생산	매출액	B1	수선비	D25
	수취수수료	–	가스연료비	D26
	수익 소계	C1	전기·수도요금	D27
재고판매	매출액	B2	잡비	D28
	매출 원가	–	잡수입	D29
	수익 소계	C2	잡손실	D30
총수익		C	고정자산 처분손익	D31
경비 합계		D	본사 경비	D32
전화통신비		D1	부내 공통비	D33
여비교통비		D2	간접 공통비	D34
포장운임비		D3	**순이익**	E
보험료		D4	**총시간**	F
통관 비용		D5	정규시간	F1
판매수수료		D6	초과근무시간	F2
판촉비		D7	부내공통시간	F3
매출 환급액		D8	간접공통시간	F4
광고선전비		D9	**당월 시간당 부가가치**	G
접대교제비		D10	**시간당 매출액**	H
위촉 보수		D11		
외주·서비스비		D12		
사무용품비		D13		
공과요금		D14		
임대료		D15		
감가상각비		D16		
고정자산 금리		D17		
재고 금리		D18		
외상매출금 금리		D19		
사입상품비		D20		
내부 경비		D21		
기타 급여		D22		

목 안에 노무비를 넣지 않는다. 이 점에 관해서는 뒤에 다시 설명하겠다.

둘째, 구입품에 대한 경비에 관해서는 앞에서 언급한 '현금 중심 경영의 원칙'에 따라 구입한 시점에 모두 그 달의 경비로 계상된다. 원재료를 예로 들면, 아메바가 원재료를 구입했을 경우 그 검수가 끝난 시점에 구입한 모든 원재료 구입 비용이 경비로 계상된다. 이를 교세라에서는 '구입 즉시 경비의 원칙'이라 부른다. 이는 월차의 활동을 현금 베이스로 관리하기 위해 원재료를 얼마나 썼는가 기준으로 경비를 계상하는 것이 아니라 그 달에 얼마만큼 구입했는가를 기준으로 경비를 파악하기 때문이다.

단 통신기기, 정보기기, 카메라 등과 같은 기기 생산에 관해서는 하나의 모델에 다양한 부품이 필요하기 때문에 부품을 다 갖추고 투입했을 시점에서 경비를 계상하지 않으면, 월차의 채산이 크게 요동을 치고 만다. 또 고가 귀금속 등과 같이 자재를 구입하고 사용하는 데 있어서 구입량과 매월 사용량 간에 큰 차이가 있을 경우, 구입 시점에 모든 경비를 계상하면 월차 채산이 크게 요동을 치고 만다.

이런 경우에는 윗선의 승인을 받은 후 자재를 사용량에 맞춰 경비로 계상하는 '사용액 계상'을 인정해주고 있다. 이와 같은 사용액 계상을 시행할 경우에는 자재의 재고량이 적정한 수준을 유지하고 있는지, 또 데드스톡dead stock●으로 처리되어야 할 재고가 포함되어 있지는 않은지 매월 체크하는 것을 잊어서는 안 된다.

셋째, 아메바 활동에 직결되지 않는 경비, 즉 본사 활동에 의한 간접공통경비 등은 아메바로서 직접 관리할 수 없는 비용이기는 하지만 납득할 수 있는 기준에 따라 각 아메바에 배부하고 있다.

수익자가 부담한다

아메바 경영에서는 경비를 발생시킴으로써 여러 형태의 이익을 챙기는 부문이 그 경비를 부담하는 걸 원칙

● 팔리지 않아 오랜 기간 창고에 쌓여있는 상품을 말한다. - 옮긴이

으로 하고 있다. 이를 '수익자 부담의 원칙'이라 부르는데, 생산 활동이나 영업 활동에 직접적으로 소요되는 비용은 말할 필요도 없고 간접 부문의 공통 경비까지 공평한 기준 하에서 경비를 부담하고 있다. 이익을 챙기는 수익 부문과 부담해야 할 경비의 금액이 명확할 경우에는 '수익자 부담의 원칙'에 따라 그 경비가 그대로 수익 부문의 경비로 처리된다.

아메바 경영에서 간접 부문은 비채산 부문인 관계로 수입이 없기 때문에 간접 부문 등에서 발생하는 공통경비의 전체를 직접 부문으로 돌린다. 이 경우 생산 금액, 출하 금액, 인원 비중, 사용 면적, 수익 빈도 등의 지표에 따라 경비를 공평하게 안분하고 있다. 여기서도 반드시 앞에서 언급한 '일대일 대응의 원칙'에 따라 전표를 발행해 경비 실적으로 처리하게 하고 있다.

간접 부문의 경비를 각 아메바로까지 적절히 이동시키기 위해 간접 부문은 월초 그 달에 발생하는 경비 지출 계획(예상)을 세워 각 아메바에게 경비 이동의 예정에 관해 연락한다. 아메바는 그 연락을 받고 자기 부문의 대체 경비 계획(예정)을 세운다.

이와 같은 경비의 대체는 사업부 차원에서 시행하고 있는 회사가 많은 것으로 알고 있는데, 아메바 경영에서는 경영의 최소 단위인 아메바 차원에서 이뤄짐으로써 채산의 정도精度를 높이고 있다. 소수 인원의 아메바 단위로까지 경비 대체가 이뤄지기 위해서는 아주 세밀한 사무 작업이 필요한데, 현장에서 일하는 사람들에게 자신도 경영자의 한 사람이라는 인식을 부여하고 또 이러한 인식을 바탕으로 경비를 최소화하도록 유도하기 위해서는 이 작업이 필수적이다.

또 이와 같은 경비 대체가 이뤄짐으로써 경비에 대한 의식을 환기시킬 수 있고, 간접 부문이 비대해지는 것을 회사 조직 전체 차원에서 체크하고 또 견제할 수도 있게 된다. 월초 예정하고 있던 간접 부문의 대체 경비가 월말의 실적에서 대폭 증가하게 되면 당연히 각 아메바 채산은 영향을 받게 된다. 그래서 아메바는 간접 부문에 대해 "대체 왜 경비가 늘어났느냐" 하며 그 이유를 따질 수 있다. 이와 같은 메커니즘을 통해 교세라에서는 비대해지기 쉬운 간접 부문이 직접 부문으로부터 늘 견제되고 있어 군살이 전혀 없는 근육질 경영을 실현해왔다.

만약 아메바 리더가 대체되는 공통경비에 대해 큰 부담을 느껴 '이 상태로는 다른 경비를 아무리 삭감해도 효과가 없다'라는 판단을 내리게 되면, 그 아메바는 경비를 삭감해야 하는 필요성도 느끼지 못할뿐더러 경비를 줄일 의욕도 상실해버리고 만다. 따라서 아메바 경영은 현장이 주역이 되는 경영을 의미하기 때문에 간접부문은 어디까지나 '작은 정부'로만 유지되도록 하는 데 초점을 맞추고 있다.

노무비의 취급 방식

'시간당 채산'은 원래 직원이 노동 시간 1시간당 얼마만큼의 부가가치를 창출했는지를 계산하는 것으로, 여기에는 사람이 비용보다도 부가가치를 창출하는 원천이라는 문제의식이 녹아들어 있다. 따라서 노무비를 경비로서 취급하지 않고 아메바의 총노동 시간을 카운트해서 그 총시간으로 부가가치인 순매출을 나눠 시간당 부가가치를 계산하고 있다.

물론 노무비를 무시하는 것은 아니다. 리더는 자신이 속한 아메바의 시간당 평균 노무비를 파악하고 있다. 아메바의 시간당 부가가치가 시간당 평균 노무비보다 적게 나오면 그 아메바 채산은 적자가 되는 것이고, 시간당 평균 노무비를 상회하게 되면 흑자가 된다. 따라서 각 아메바 리더는 시간당 부가가치의 손익분기점이 어느 정도 수준인지를 항상 파악하고 있는 것이다.

소수 인원인 아메바의 시간당 채산표에 있어서 노무비를 경비 항목에 포함시키면 중대한 문제가 발생한다. 각 아메바의 노무비 수준이 사내에 전면 공개되면, 급여 수준이 높은 직원이 참여하고 있는 아메바는 채산이 낮아지게 되고 역으로 급여 수준이 낮은 직원이 참여하고 있는 아메바는 채산이 좋아지는 현상도 발생한다. 그렇게 되면 '채산이 나쁜 이유는 급여를 많이 받는 멤버가 있기 때문'이라고 주장하는 아메바가 나올 수 있다. 또 노무비에만 신경을 쓰게 되면서 경영 전반에 대해 스스로 개선책을 내놓는, 즉 아메바 원래의 기능이 전혀 발휘되지 않을 위험도 고려할 수 있다.

이와 같은 문제의식을 토대로 시간당 채산 제도에서는 각 아메바의 노무비가 아니라 총노동 시간에 초점을 맞춰 시간당 부가가치의 관점에서 채산 관리가 이뤄질 수 있도록 하고 있다. 또 최근에는 제조 부문과 영업 부문의 과 단위 이상의 조직에 관해서는 노무비를 경비 항목으로 포함하는 손익계산서를 작성하고 세전 이익을 산출해, 이를 종합적인 채산 관리 자료로 활용하고 있다.

경비를 세분화한다

앞에서 시간당 채산표는 현장에서 채산을 쉽게 관리할 수 있도록 하는 것을 목적으로 만들어진 것이라고 설명한 바 있는데, 경비를 최소화하기 위해서는 채산표에 있는 경비 항목을 보다 세분화할 필요가 있다.

왜 경비 항목의 세분화가 필요한지를 교세라 세라믹 부품의 제조 공정을 예로 들어보겠다. 원료 부문에서 성형成形 부문으로 조합調合된 원료가 사내 매매되고 있다고 하자. 성형 부문은 세라믹을 성형하고 또 그것을 소성燒成 부문의 화로에 가지고 간다. 소성품은 또 다음 공정으로 넘겨진다. 이와 같은 경우, 예를 들어 전기요금을 줄이고 싶다 하더라도 '전기·수도요금'이라는 경비 항목에는 수도요금 등의 경비가 포함되어 있기 때문에 전기요금이 실제로 얼마나 나왔는지는 명료하게 파악할 수 없다. 이 때문에 먼저 전기·수도요금을 전기요금과 수도요금으로 나눠야 할 필요가 있다.

다음으로 전기요금이 부문별 그리고 공정별로 얼마나 발생하고 있는지를 파악해야 한다. 전기요금을 줄이고자 하더라도 어느 부문에서 또 어느 공정에서 얼마나 발생하고 있는지 파악하지 못하면, 전기요금을 어디서 줄이면 되는지 모르게 되고 또 효과도 불명확해질 수밖에 없다. 그래서 원료, 성형, 소성 등의 공정별로 전력량계를 설치해 전기 사용량에 따른 경비를 할당하고 각 아메바가 전기요금을 얼마나 썼는지를 명확하게 한다.

이와 같이 실제로 어느 부문에서 얼마만큼의 비용이 발생하고 있는지를 금액으로 알 수 있게 하는 것이 매우 중요하다. 나아가, 필요하다면 어느 설비가 얼마만큼 전기를 사용하고 있는지를 보다 세밀하게 관리할 수 있게 하는 것이 보다 효과적인 경비 삭감으로 연결된다.

또 한 부서에서는 '여비교통비' 지출이 많아져서 어떻게든 교통비를 줄여야 하는 상황이라고 하자. 그러나 '여비교통비'와 같은 뭉뚱그려져 있는 경비 항목으로는 어떤 종류의 교통비를 중점적으로 삭감해나가야 할지를 파악할 수 없게 된다. 그래서 전표를 집계해 '여비교통비'를 항공운임, 전차운임, 택시운임, 숙박비 등과 같이 매우 상세하게 분류한다. 그렇게 하면 어느 세목을 삭감하면 좋을지가 일목요연해진다.

또는 개인 여비교통비 예정표를 매월 작성해 리더가 보다 효과적인 여비 사용법을 지도해 여비교통비를 삭감해나가는 것도 하나의 방법일 수 있다. 이 정도로 상세하게 경비를 살펴보지 않으면 경비를 최소로 줄이는 것이 불가능해진다. 채산표상 경비 항목을 필요에 따라 보다 세분화해 실태에 맞는 경비 삭감책을 단행하는 것이 반드시 필요하다.

이와 같이 경비를 최소화하고자 한다면, 자기 부문의

아메바 경비가 어떻게 발생하고 있는지를 리더가 적확히 파악해야 한다. 그렇게 하지 않으면 리더는 채산 향상을 위한 구체적인 대책을 내놓을 수 없게 된다. 시간당 채산표의 각 항목은 평소 경영의 실태를 파악하는 데 있어서 필수적인 지표이지만 리더라 하는 사람은 보다 더 세밀하게 경비 항목을 분석해 안광지배眼光紙背의 수준으로 경비를 관리해야 한다.

7

시간을 파악하는
방법

회사에 긴장감과 속도감을 조성한다

시간당 채산 제도에서는 각 아메바의 시간당 부가가치를 산출하기 때문에 멤버의 총시간을 파악해야 한다. 여기서 총시간이란 제조 부문 시간당 채산표의 경우 각 아메바에 소속되어 있는 직원의 한 달 동안의 정규시간과 초과근무시간 그리고 부내공통시간, 간접공통시간을 합계한 것이다.

또 아메바 간에 지원이나 파견 등이 발생했을 때에는 일반 경비와 마찬가지로 시간 실적을 대체한다(대체된 시간은 채산표의 정규시간, 초과근무시간 란에 포함한다). 각 사업부 공통 부문의 총시간도 각 아메바에게 할당되고 있고 (부내공통시간), 각 공장 내 간접 부문의 총시간 역시 해당 공장의 각 아메바에게 할당되고 있다(간접공통시간). 이와 같은 총시간은 1일의 시간 실적과 월초부터의 누적 실적을 멤버별로 파악할 수 있도록 매월 아메바에 피드백하고 있다.

단 파트타임 노동자의 노무비에 관해서는 시간 관리가 아니라 경비 차원에서 파악하고 있다. 그래서 파트타임 노동자의 노동시간을 시간당 채산상의 총시간에는 포함시키지 않는다.

이와 같은 점과 관련해 주의해야 하는 것은 파트타임 노동자를 늘리고 직원을 줄이게 되면 경비는 약간 늘어나지만 총시간이 크게 줄어 지표상으로는 시간당 부가가치가 향상된다는 점이다. 그러나 이와 같은 안일한 생각으로 파트타임 노동자를 대거 기용하는 것은 절대 허용되지 않는다. 파트타임 노동자의 채용에 관해서는 장래의 사업 전개 및 조직 운영을 숙고한 종합적인 판단이 필요하기 때문에 윗선의 결재에 의한 승인이 반드시 필요하다.

채산표에서는 시간당 부가가치를 지표로 설정하고 있기 때문에 평소의 경영 활동에 있어서는 시간이라는 개념이 채산을 결정하는 중대한 요소로 작용하게 된다. 여기서 중요한 것은 제조에 소요된 시간(투하시간)뿐 아니라 그 부문의 총시간에 주목한다는 점이다. 이는 실제의 제조 작업에 투하되고 있는 가동시간 이외의 시간도 채산에 큰 영향을 주기 때문이다. 그렇기 때문에 아메바 리더와 멤버들은 자동적으로 '시간의 중요성'을 인식할 수 있게 되는 것이다.

물론 총시간을 기준으로 두고 있는 것은 초과근무시간을 줄이려는 목적만은 아니다. 시간 개념을 업무에 적용하고 현장에서 일하는 한 사람 한 사람이 시간을 적극적으로 의식해서 직장에 긴장감과 속도감을 조성해 직원 스스로가 생산성을 향상시켜나가는 직장 풍토를 구축해가고 있다. 이와 같이 전 직원이 불필요한 시간을 없애고 생산성을 조금이라도 향상시키기 위해 시간을 사용하는 방법에 관해 철저하게 고민하는 것이 중요하다.

5장

불타는 투혼의
조직을 만들다

불타는 투혼의 조직을 만들다

1

채산 관리의
실천

① 연간 계획을 세운다

아메바 경영의 채산 관리 사이클은 시간당 채산표에 따른 월차 단위 관리가 중심이다. 매월 예정과 실적을 각각 작성해 예정을 진척시키는 것을 확실하게 관리하고 있다. 이와 같은 월간 예정의 베이스로 활용되고 있는 것이 '마스터플랜'이라 불리는 연간 계획이다.

마스터플랜은 회사 전체의 방침과 각 사업부 방침 및 목표를 고려해 엄밀한 시뮬레이션을 반복적으로 거쳐 작성되어야 하는 것으로, 각 아메바 리더의 1년

간 경영에 대한 의지를 보여주는 정량적 지표이기도
하다.

직원을 통솔해 회사를 경영해나가기 위해서는 구체
적인 목표를 설정해야 할 필요가 있다. 매출, 총생산, 순
매출, 시간당 부가가치 등과 같은 경영 목표가 명확해
질 수 있도록 구체적인 수치로 목표를 설정하는 것이
중요하다. 게다가 그 목표는 회사 전체의 수치뿐만 아
니라 각 아메바 단위의 수치까지 상세하게 기록된 것이
어야 한다. 그 이유는 공유된 명확한 목표가 없으면 직
원은 각각 제멋대로의 방향으로 향하게 되어 리더가 가
리키는 방향으로 멤버의 힘을 결집할 수 없고 결국 조
직의 목표를 달성할 수 없기 때문이다.

그러나 목표를 가지고 있다 하더라도 5년 후, 10년
후를 내다보는 장기적 관점의 계획은 그다지 의미가 없
다. 변화가 급격한 경영 환경에서는 시장이 어떻게 변
화해나가는지를 정확하게 예상하기 어렵기 때문이다.
그래서 교세라에서는 불투명한 경영 상황 하에서도 미
래를 적극적으로 의식하는 경영을 해나가기 위해 3개
년 롤링 플랜rolling plan●을 입안함과 동시에 보다 치밀한

1년간의 계획을 마스터플랜으로 작성해, 이를 베이스로 회사를 운영하고 있다. 각 연도가 시작되기 전 최고경영자와 사업부장이 내놓는 경영 방침과 목표에 따라 모든 아메바들은 스스로의 마스터플랜을 반드시 작성하게 되어 있다.

목표 설정으로 벡터●●를 맞추다

마스터플랜의 작성은 회사 방침에 따라 각 부문의 책임자가 '자신이 맡고 있는 사업과 관련해 어떠한 역할을 해야 하는지, 얼마만큼 실적을 늘려야 하는지'를 숙고하는 것에서 시작된다. 그러한 과정을 거쳐 각 사업부 리더는 '올 한 해, 어떻게 사업을 추진해나갈 것인가'를 잘 구상해 그 의지와 그것을 구체화한 방침과 목적 그리고 목표를 달성하기 위한 방책을 각 아메바 리더에게 명확하게 지시해야 한다.

● 경영상 중대 변수가 발생했을 경우 이를 3~5년 중장기 계획에 반영해 목표를 수정하는 작업을 뜻한다. – 옮긴이

●● 벡터(vector)는 크기와 방향을 동시에 나타내는 물리량을 뜻한다. – 옮긴이

다음으로 사업부 방침과 목표에 입각해 각 아메바 리더가 자기 부문의 마스터플랜 안을 작성한다. 마스터플랜은 자신의 아메바를 경영한다는 관점에서 다음 연도의 시장 예측 및 제품 계획을 토대로 매출, 생산, 시간당 부가가치와 같은 목표뿐만 아니라 설비와 인원 등에 관한 사항까지 포함한 청사진을 그려 월별 액션플랜을 구체적인 수치로 나타내야 한다. 따라서 마스터플랜은 '전기 대비 몇 % 증가' 등과 같은 형식적인 계획을 세우는 것이 아니며, 구체적인 사업 계획과 전략 아래서 몇 번이나 시뮬레이션을 돌려야만 비로소 작성할 수 있는 것이다.

각 아메바의 마스터플랜에 들어가는 수치는 사업부 단위에서 집계된다. 이때 사업부장은 그 사업의 최고경영자로서 '나의 사업부는 이렇게 갔으면 좋겠다'는 사업부 전체에 관한 포부의 수치와 각 아메바가 내놓은 수치의 합계가 서로 맞아떨어지는지를 확인해야 한다. 만약 아메바가 내놓은 수치가 사업부장의 포부보다 낮은 수준이라면, 사업부장은 "우리는 이렇게 가야 한다"라는 강한 의지를 전달해 아메바 수치를 다시 수정케

하고 서로 납득할 수 있는 수치가 나올 때까지 강도 높은 대화에 충실할 필요가 있다. 그때 사업부장은 각 아메바가 자신이 세운 방침과 목표에 대해 진심으로 납득하고 자기 것으로 받아들일 수 있도록 대응해야 한다.

이와 같은 과정을 거쳐 입안된 마스터플랜은 사업부장과 각 아메바 리더의 원대한 바람과 의지의 결정체임에 다름없다. 그 목표를 달성하기 위해서는 그 어떤 어려움이 있더라도 '반드시 목표를 달성한다'는 강한 의지와 목표의식 그리고 사명감이 필요하다. 나는 이를 직원들의 잠재의식에까지 스며들어야 하는 것으로 강조하고 있다. 리더는 이와 같은 강한 의지와 목표의식을 부하 직원들과 공유해야 한다.

경영 목표를 달성하기 위해서는 어떻게 하면 좋을지를 절실한 마음으로 생각하고 또 생각하면, 그 고민과 목표에 대한 절실함이 어느새 직원의 잠재의식에까지 스며들게 되어 있다. 이와 같은 잠재의식에까지 스며들 정도로 강렬하고 절실한 바람이야말로 마스터플랜을 달성할 수 있게 하는 원동력으로 작용하게 된다. 리더가 그러한 목표에 대한 절심함과 책임감을 갖고, 또 이

277

를 끊임없이 반복해서 멤버에게 호소할 때 마스터플랜
은 진정으로 공유된 목표가 되는 것이다.

② 월차 단위의 채산 관리

월차의 채산 관리 사이클은 월초에 시장 동향 및 수주
상황 그리고 생산 계획 등을 베이스로 상세하게 검토해
각 아메바가 그 계획을 세우는 것에서부터 시작된다.

　이 월간 예정은 각 아메바가 당월에 어떻게 활동해나
갈 것인지 하는 의지와 수치를 나타낸 것이다. 따라서
이는 그저 당월의 매출 및 생산에 대한 예상을 계산한
것이 아니라 리더가 달성하고자 하는 목표를 정해 그것
을 반드시 달성하겠다고 약속하는 것이다.

　계획을 세울 때 중요한 것은 전월의 실적을 잘 파악
해 어디에 문제가 있었는지를 세세히 돌이켜보는 것이
다. 그 반성을 토대로 이번 달에는 어떻게 해야 할 것인
지를 생각하고 그 대책을 이번 달 예정에 모두 포함시
켜야 한다. 즉 당월 예정을 달성하기 위해 어떠한 문제

가 예상되며, 또 그 문제를 어떻게 극복해나갈 것인지를 상세하게 시뮬레이션 돌린 후 계획을 세우는 것이 중요하다. 예정을 세운 단계에서 이미 당월 예정에 대한 액션플랜이 명확하지 않으면 예정을 확실하게 달성해나가는 것은 어렵다.

연간 계획을 토대로 세우다

월차 단위로 예정과 실적에 의해 채산을 관리하는 목적은 마스터플랜을 확실하게 달성하는 데 있다. 따라서 매월 예정을 입안할 때는 매출(생산), 경비, 순매출(수익), 시간당 부가가치 등과 같은 주요 채산 항목에서 전월까지의 누계 실적과 이번 달의 예정을 더한 합계가 마스터플랜의 계획대로 진척되고 있는지를 반드시 확인해야 한다. 만약 계획대로 진척되지 않으면, 따라잡기 위해 앞으로 얼마만큼의 수치가 더 필요한지를 파악해 차기에 보완할 수 있도록 구체적인 액션플랜을 마련해야 한다.

누적된 수치를 공식화하다

각 아메바가 시장 동향과 생산 계획 그리고 경비 항목 등을 하나하나 상세하게 검토하면서 이를 채산표에 잘 반영해 예정 수치를 작성한다. 그 예정 수치를 반, 계, 과, 부, 사업부로 순차 집약시켜 밑에서부터 쌓아올린다. 회사 전체의 예정 수치라는 것은 최소 단위의 아메바로부터 쌓아올린 합계 수치이며 모든 수치는 그 근거를 가지고 있어야 한다.

아메바 중에는 아무리 노력해도 예정 수치가 마스터플랜에 못 미치는 경우가 나온다. 그렇게 되면 집계한 예정 수치가 사업부의 마스터플랜, 나아가 회사 전체의 마스터플랜에 비해 턱없이 모자라게 된다. 그때 사업부장은 각 아메바의 예정 수치를 엄밀하게 분석해 사업부 전체의 예정 수치를 재검증해야 한다.

각 아메바 상황을 확인하면서 마스터플랜을 달성하지 못하고 있는 아메바에 대해서는 모든 가능성을 염두에 두고, 이들이 목표를 달성할 수 있도록 재검토를 유도한다. 또 사업부 전체 차원에서 목표를 달성하기 어려운 상황이라면, 마스터플랜을 순조롭게 달성하고 있는 아메바가 예정보다 더 많이 달성할 가능성이 있는지를 타진한다.

이처럼 사업부장은 각 아메바의 예정 수치를 그저 집약하는 것이 아니라, 사업에 관한 책임을 지는 리더로서 마스터플랜을 어떻게든 달성하고 보다 높은 목표에 도전하는 정신이 직원들에게 스며들게 해서 사업부의 사기를 높여나가야 한다.

아메바 내에서 목표를 공유하다

예정을 세운 후 아메바 리더는 예정을 달성하기 위해 멤버들에게 그 예정의 내용을 잘 전달하고 목표를 철저하게 주지시켜야 한다.

목표를 철저하게 주지시킨다는 것은 그 목표가 멤버 자신의 것이 될 수 있도록 함을 의미한다. 어느 멤버에게 물어도 수주, 생산, 매출, 시간당 부가가치와 같은 이번 달의 예정이 곧바로 입에서 튀어나올 수 있을 때까지 공유해야 한다는 것이다. 그런 다음, 예정 달성을 위한 구체적인 액션플랜을 멤버 개인에게까지 상세히 지시해 한 사람 한 사람 그 목표를 달성하는 것이 부문 예정 달성으로 연결되는 것임을 실감하게 하는 것이 중요하다.

이렇게 해서 공통의 목표를 향해 아메바 멤버 전원이 최선을 다해 노력하고 목표를 달성하게 되면 그 달성한 기쁨을 모두 함께 나눌 수 있게 된다. 그럴 때 교세라에서는 창업 이후 지금까지 회식을 열어 모두의 건투를 칭송하고 또 목표를 달성한 것을 함께 기뻐하는 전통을 유지해왔다. 이렇게 하면 "다음 달에도 최선을 다하자"라는 열의와 활력이 생겨 멤버 전원에게 보다 높은 목표에 도전하고자 하는 열망이 끓어오르게 되는 것이다. 이와 같은 활동을 반복함으로써 마스터플랜 달성을 향한 큰 에너지가 생겨난다.

일일 진척 상황을 전원이 파악하다

매일매일의 수주, 생산, 매출, 경비, 시간 등과 같은 주요 실적 수치는 다음 날 각 아메바에 '일보日報' 형태로 배포된다(현재 사내 네트워크로 컴퓨터상에서도 확인할 수 있다). 이에 따라 아메바 리더는 예정에 대한 진척 상황을 확인하고 매일 아침 직장 조례 등을 통해 멤버들에게 이를 전달한다. 게다가 회사 전체 조례에서도 전날까지의 각 부문 실적 수치를 확인할 수 있도록 해서 전 직원에게 수주 상황이나 생산 실적 등이 공개된다.

이처럼 일일 실적 수치를 확인하면 직원 한 사람 한 사람이 현재 자신이 하고 있는 일이 어떻게, 어떤 경로로 실적 수치에 연결되고 있는지를 실감할 수 있게 된다. 만약 예정에 비해 실적이 따라가지 못하고 있어도 멤버 전원이 이를 해결할 수 있는 방법을 검토하고 그 대책을 신속하게 강구할 수 있게 된다. 나아가 아메바 전원의 힘이 하나의 목표로 집결되어 집단으로서의 목표 달성으로 이어지게 되는 것이다.

목표를 달성하겠다는 강한 의지로 실행하다

리더는 자신의 아메바가 세운 예정 수치를 어떻게든 달성해야 한다는 강한 의지를 가져야 한다. 부문 경영자로서 일일 실적을 체크해 만약 문제가 발생하면 그 대책을 곧바로 강구하고 실행한다. 리더는 어떤 일이 있더라도 예정 수치를 달성해야 한다는 강한 의지를 가지고 부하 직원을 격려하며, 또 월말 최종일까지 멤버 전원이 일치단결해 노력할 수 있도록 유도하는 것이 중요하다.

아메바가 목표 달성을 향해 최종 단계까지 힘을 다해 이룬 그 성과는 회사 전체 차원에서 보면, 이전에 비해 조금밖에 나아지지 않은 것으로 보일 수도 있다. 그러나 모든 아메바가 매월 예정 달성을 위해 최선을 다해 노력하고 얻은 그 결과는 쌓이고 쌓여 누가 보더라도 쉽게 알 수 있을 만큼의 매우 현저한 실적 증대로 나타난다. 또 예정을 완벽하게 달성하고자 하는 것을 끊임없이 반복해서 지향해나가다 보면 전 직원의 의식이 반드시 고양되는 법이다. 이와 같은 의식의 고양이야말로 회사 업적을 확대하는 원동력으로 작용한다.

리더의 강한 의지와 아메바 전원의 노력이 누적된 결과가 월차의 채산 형태로 나타난다. 그래서 "지난달은 채산이 너무 나빠 이익을 낼 수 없었습니다" 라고 말하는 아메바가 나타난다는 것은, 그 아메바 리더가 이익이 나올 수 없는 경영을 했다는 뜻이다. 월간 예정은 리더의 강한 의지와 노력에 의해 100% 달성되어야 하는 것이지, 안이한 변명으로 때울 수 있는 것이 절대 아니다.

그리고 한 달이 지났을 때 리더는 '예정을 달성하기 위해 어떤 대책을 취했는지', '그 대책은 적절했는지' 그리고 '입안한 대로 대책을 단행했는지'를 돌이켜보며 반성하고 경영 과제를 구체적으로 추출해서 다음 달 경영 개선으로 이어가는 것이 중요하다.

이와 같은 프로세스를 매월 반복하면 아메바의 채산 향상을 꾀함과 동시에 멤버의 경영 참여의식을 현저하게 높일 수 있게 된다. 이런 노력을 겹겹이 쌓아가면서 리더의 경영자 마인드는 드높아져 훌륭한 경영자로 성장하게 된다. 바로 이것이 리더 육성과 관련해 아메바 경영만이 갖는 독자적인 방법이자 경쟁력이다.

2

아메바 경영을 지탱하는
경영철학

아메바 경영에서는 각 아메바가 시간당 부가가치를 향
상시키기 위해 매일 노력에 노력을 다하고 있는데, 그
방법으로 '매출(총생산)을 늘리는 것', '경비를 줄이는
것', '시간을 단축하는 것'이 있다. 매출(총생산)을 올리
기 위해서는 주문을 보다 많이 확보하면 된다. 경비를
줄이기 위해서는 불필요한 지출을 없애면 된다. 시간
을 줄이기 위해서는 작업 효율을 올리면 된다.

리더는 이와 같은 방법들을 경영에 적용하고 있는데,
채산 향상을 꾀하기 위해서는 반드시 필요한 포인트가

몇 가지 있다. 여기서는 그중에서도 특히 중요한 것을 선별해 설명하고자 한다.

가격 결정은 경영 그 자체다

아메바 수입의 원천은 고객에 대한 매출 금액이다. 그래서 수주 생산의 경우에는 고객으로부터의 수주 금액의 크기가 제조 및 영업 부문 각 아메바의 채산에 큰 영향을 미친다. 그 수주 금액을 크게 좌우하는 열쇠가 바로 제품의 '가격 결정'이다. 교세라는 창업 당시 고주파 절연재료인 세라믹 부품밖에 생산하지 않았다. 그와 같은 단품 경영에 불안감을 가지고 있던 나는 절연재료를 필요로 하는 진공관과 브라운관을 생산하는 업체에 "무슨 일거리 없습니까?" 하며 주문을 받기 위해 돌아다녔다.

대형 업체는 우리보다 먼저 사업을 시작한 세라믹 업체와 이미 사업 관계를 맺고 있었다. 그러한 계열 관계에 창업한 지 얼마 되지도 않은 영세기업 교세라 영업 직원이 접근하면 "그쪽 가격이 더 싸면 사주겠다"는 말을 듣곤 했다. 견적서를 건네면, "다른 회사는 이보다 15%나 더 싼 가격을 제시했다"며 보기 좋게 거절당했다. 그럴 때면 교세라 영업 담당자는 서둘러 견적서를 고쳐 다시 그 업체에 가지고 갔다. 그런 흥정을 거듭하다 보면 우리의 낚싯줄에 우연하게 고기가 물리기도 했다. 이런 과정을 거쳐 영업이 15%나 싼 가격으로 주문을 받아오면, 제조는 그 이상의 원가 절감을 감행하지 않으면 안 되는 상황이라 꽤 많은 고생을 겪었다. 그런 과정에서 나는 영업 담당자에게 이런 얘기를 한 적이 있다.

"너무 쉽게 단가를 인하해줬기 때문에 제조 부문만 고생하는 건 말이 안 됩니다. 가격을 내리면 주문은 얼마든지 얻어낼 수 있지만, 그것은 영업자로서 결코 잘한 일이 아닙니다. 영업의 사명이란 고객이 기분 좋게 사줄 수 있는 최고의 가격을 꿰뚫어보는 것입니다. 이 가격보다 싸면 얼마든지 주문을 받아낼 수 있고, 이것보다 비싸면 고객을 놓쳐버리겠지요. 고민을 통해 그 절묘한 타협점을 찾아내야 합니다."

판매 가격이 너무 싸면 아무리 경비를 줄인다 하더라도 채산이 향상되지 않는다. 또 판매 가격이 너무 비싸면 팔리지 않아 재고가 산같이 쌓이게 된다. 그렇기 때문에 리더는 영업 부문이 모아오는 여러 정보를 곧바로 조사하고 분석해 시장과 경합 상대의 동향을 적확히 파악한 후 자사의 제품이 갖는 가치를 정확하게 인식해 가격을 결정해야 한다. 가격 결정이라는 것은 회사의 생사를 결정짓는 중대한 문제이기 때문에 리더가 혼신의 힘을 다해 집중해야 하는 과제다.

가격 결정과 원가 절감을 연동시켜라

수주 생산에서도 또 재고 판매에서도, 가격 경쟁이 치열한 상품의 경우 고객이 원하는 가격으로는 아무래도 채산이 맞지 않는 경우가 있다. 그럼에도 불구하고 장기적으로 사업을 확대해나가기 위해 그 시점에서는 충분히 채산이 맞지 않거나 또는 원가보다 더 싼 가격이라도 굳이 수주하는 경우가 있다. 이와 같은 경우에는 가격을 결정함과 동시에 채산을 맞추기 위해 어떻게 하면 원가를 싸게 할 수 있을 것인가를 생각해야 한다.

예를 들어 사용하고 있는 원재료를 절반 값에 사들일 수는 없는가 식의, 보다 싸게 자재를 조달하는 방법을 검토해야 한다. 자재 조달에서 비용을 크게 줄이지 못한다면 설계 자체를 재검토해 이익을 낼 수 있도록 설계의 질과 방식을 바꿔야 한다. 시장이 결정한 판매 가격으로 채산이 맞을 수 있도록 자재에 관한 원가 절감을 꾀하는 것뿐만 아니라 설계 및 제조 방법까지 재검토해야 할 필요가 있다.

즉 리더는 가격을 결정하는 순간 원가 절감의 방법까지 이에 연동시켜 생각해야 한다. 그다음 제조 부문에 확실한 원가 절감을 위한 방법을 곧바로 지시하지 않으면 안 된다.

시장 변화에 대응하려면 리더의 사명감이 필수적이다

아주 오래전 교세라의 정보통신기기 부문의 전신이었

던 시스텍이라는 회사가 경영 위기에 빠져 구제 요청을 해온 적이 있다.

시스텍은 전자계산기와 캐시 레지스터 등을 제조하고 있던 회사로 당시는 미국 시장을 중심으로 전자계산기가 급속하게 보급되고 있었다. 미국 전체 전자제품 수입 시장을 좌지우지하고 있던 맨해튼의 한 수입업자가 "이런 기능을 가진 전자계산기를 만들어준다면, 100만 대를 사줄 수 있다"라며 관련 업체에 제안을 하곤 했다. 일본의 업체들은 그런 말에 귀가 솔깃해져 제안받을 때마다 주문을 받아 공장을 확장하고 사원을 늘리는 등 대규모 생산 체제(증산 체제)를 구축했다. 시스텍은 이러한 전자계산기 시장 확대의 파도를 타며 급성장한 기업이었다.

그러나 미국 시장이 포화 상태가 되면서 경쟁이 치열해지기 시작하자 사태는 일변했다. 미국의 수입업자는 이제 전자계산기 업체들에게 끊임없이 가격 인하를 요구하고 나섰다. 일본 업체들은 모처럼 대규모 생산 체제를 구축했음에도 불구하고 주문이 급격히 줄어들게 되면서 초조해졌다. 이런 일본 업체들의 심리를 제대로 꿰뚫어본 미국의 수입업자들은 추가적인 가격 인하에 박차를 가하기 시작했다. 이전에는 시스텍의 사장도 가격 인하 요구에 대응하기 위해 자기가 직접 자재업자와 담판해 채산을 맞춰왔다. 그러나 회사가 커지고 바빠지기 시작하면서 언제부턴가 원가 절감도 부하 직원에게 다 위임하게 되었다.

시스텍은 가격 인하 요구에 응하기 위해 제조 부문의 리더가 사장을 대신해 자재업자에게 단가를 인하해줄 것을 요구했는데, 자재업자는 가격이 계속해서 떨어지는 상황이었던 터라 그렇게 간단하게 응해주지 않았다. 또 제조 부문의 리더도 '어떤 일이 있더라도 이 가격으로 자재를 들여오지 않으면 안 된다' 라는 강한 사명감을 갖고 자재업자와 치열하게 교섭할 수도 없었다. 그 결과 채산은 악화될 수밖에 없었다.

그러나 이미 직원을 증원하고 또 공장도 확장했기 때문에 공장을 가동하지 않으면 안 되는 상황이었다. 무리인 줄 알면서도 사장은 추가적인 가격 인하 요구에 어쩔 수 없이 응했다. 이렇게 되면서 시스텍의 채산은 악화 일변도로 갈 수밖에 없었고 결국 회사 경영이 제대로 작동하지 못하게 되면서 심각한 위기에 빠지게 되었던 것이다.

이 사례가 의미하는 것은 예를 들어 최고경영자가 가격 인하를 결단했다고 하더라도 그 가격으로 채산을 맞춰보고자 하는 강력한 의지를 가진 리더가 회사 내부에 없으면 회사는 운영할 수 없게 된다는 것이다. 경영관리 시스템이 멋들어지게 확립되어 있어 회사 경영의 실태를 정확하게 파악할 수 있을지언정 최종적으로 시장 가격의 하락에 대응할 수 있는 것은 바로 '사람'이다. 이와 같은 상황에서는 '대폭 가격 인하를 단행하더라도 어떻게든 채산을 맞춰보겠다'라는 강한 사명감을 가진 리더의 존재 여부가 회사의 운명을 갈라놓는다.

능력을 미래진행형으로 파악하라

교세라는 창업 당시 고객으로부터 주문을 받고 나서 비로소 생산 활동에 착수하는 수주 생산의 형태가 기본이었다. 만약 필요한 수주를 확보하지 못하면 곧바로 제조 현장은 일거리가 없어져 곤란에 빠질 수밖에 없었다. 그래서 나는 지금 어느 정도의 수주량이 있는지 또는 이번 달에 어느 정도 생산할 거리가 있는지를 항상 염두에 두고 회사를 경영해왔다.

어떻게든 수주를 늘려야겠다는 마음으로 나는 물건을 팔러 직접 고객을 찾아갔다. 그러다 어느 한 대형 전기 업체 연구원으로부터 기술적으로 아예 만들기 힘든 제품 의뢰가 왔다. 교세라보다 먼저 사업 활동을 하고 있던 대형 세라믹 업체가 한두 개도 아닌 상황에서 창업한 지 얼마 되지도 않은 무명 영세기업 교세라에는 대형 업체가 거절한 기술 또는 제품에 관한 주문만 들어왔던 것이다.

그러나 어렵다고 해서 또 만들기 힘들다고 해서 그것을 거절해버리는 회사는 살아남을 수 없다. 어떻게 해서든 주문을 받아야겠다고 생각한 나는 설령 그 시점의 기술로는 불가능한 제품이라 할지라도 "만들 수 있습니다"고 호언장담하며 수주를 해왔다. 회사로 돌아와 엔지니어들에게 "이 제품은 지금 우리가 가지고 있는 기술로는 아직 어렵지만, 노력한다면 분명 만들 수 있을 거라 믿습니다. 바로 실험에 들어갑시다" 하고 말했다. 그랬더니 교세라 엔지니어들 중 정색을 하면서 "불가능합니다"라며 퇴짜를 놓은 이가 있어서 모두의 사기를 떨어뜨린 적이 있었다.

그때 나는 "지금의 우리 능력으로 쉽지 않다는 건 저도 잘 알고 있습니다. 그러나 납기 때까지 시행착오를 반복하다 보면 우리의 능력은 반드시 진보할 것입니다. 충분히 할 수 있다는 거짓말로 받아온 주문이라도, 결코 거짓말이 아니라는 걸 보여주기 위해 최선을 다해 노력하고 완성시키면 거짓말이 되지 않는 것이지요. 납기 때까지 필사적으로 노력해서 제품을 완성시켜봅시다"라고 설득했다.

능력을 미래진행형으로 파악할 수 있는 자가 아주 힘들고 곤란한 일을 성공적으로 이끌어갈 수 있는 법이다. '어떻게든 꿈을 실현해보겠다'라는 강한 의지를 보이며 진지하게 노력해나가다 보면 능력은 반드시 향상되어 길이 열리게 되는 것이다.

이는 각 아메바 경영에 있어서도 마찬가지다. 리더는 매출, 생산, 이익의 원천이 되는 수주량이 어느 정도 남아 있는지를 항상 체크해 앞으로의 일을 확보할 수 있도록 손을 써야 한다. 그리고 수주를 늘리기 위해서 스스로 앞장서고 적극적으로 행동해야 한다. 설령 기술적으로 곤란한 제품이라거나 현재의 생산 방법으로는 가격이 맞지 않는 제품이라 할지라도, 자신들의 능력을 미래진행형으로 여기고 도전하여 혼신의 힘을 다하는 모두의 노력으로 완성시키고 원가를 줄여나가게 되면 아메바 실적을 크게 올릴 수 있다.

사업을 영속적으로 운영하라

시간당 채산 제도에서는 아무래도 채산을 나타내는 지표인 시간당 부가가치에 혈안이 되어버리는 경향이 있다. 그러나 시간당 부가가치가 늘어났다 해서 회사 경영이 잘 돌아가는 것은 절대 아니다.

　예를 들어 제조 부문 아메바의 채산표를 보면 시간당 부가가치는 계속해서 향상되고 있음에도 불구하고 순매출을 총생산으로 나눈 이른바 순매출비율이 언제부턴가 극단적으로 낮아지는 일이 생겼다.

이러한 상황은 제조 부문의 아메바가 대부분의 공정을 회사 외부에 위탁한 경우 등에서 기인한다. 외주로 돌린 만큼 외주가공비가 늘어나 순매출은 줄어들고 또 직원의 노동 시간도 대폭 줄어들기 때문에 결과적으로 시간당 부가가치는 늘어날 수밖에 없다.

이와 같은 경우 시간당 부가가치로만 평가하면 이 아메바는 우수한 조직으로 평가될 수 있지만 경영의 실태는 그렇지 않다. 시간당 부가가치 수치가 아무리 좋다 하더라도 부가가치를 나타내는 순매출의 절대치가 감소하게 되면 회사에 대한 기여는 오히려 적어졌다고 봐야 한다. 총생산에 대한 순매출비율이 낮다는 것은 사업에 있어서 부가가치를 창출하는 힘이 약하다는 것을 의미하는 것으로, 결국 직원을 고용하는 능력도 약해질 수밖에 없는 것이다.

따라서 장기적으로 직원들의 고용을 지켜내야 한다는 관점에서 보면, 시간당 부가가치를 높이는 것뿐만 아니라 순매출비율 역시 올리지 않으면 안 된다는 것을 아메바 리더는 명심할 필요가 있다. 시간당 지표만을 보고 경영에 임하는 것이 아니라 순매출비율 등과 같은 다양한 관점에서 자기 부문의 경영 실태를 정확하게 분석해야 한다.

창업한 지 얼마 되지 않았을 때의 나도 극소수의 엘리트 집단만으로 회사를 설립해 우리만의 지혜와 지식을 토대로 제품을 기획하기만 하면 다른 회사에 생산 위탁도 하면서 제품을 판매하며 크게 돈을 벌 수 있을 것이라 생각한 적이 있다. 이와 같은 사고를 가지고 있는 회사가 실제로 꽤 있다. 제조 업체이면서도 기술개발, 제품개발, 설계, 판매 등에 특화해 제조 그 자체는 EMS(Electronics Manufacturing Service, 전자제품 생산전문기업) 등의 하청회사에 맡기는 회사가 있는 것이다.

그러나 그런 사업 형태로는 일시적으로 성공할지는 몰라도 제조업의 핵심으로 볼 수 있는 '모노즈쿠리(물건 만들기)'●가 회사 내부에 축적되지 못하기 때문에, 품질

● 일본어로 물건을 뜻하는 '모노'와 만들기를 뜻하는 '즈쿠리'가 합성된 용어. 반복된 제품 제작 과정을 통해 기술이 발전하고 이는 장인정신으로 이어진다. 장인정신을 바탕으로 한 일본 제조업을 논할 때 주로 인용하는 말이다. - 옮긴이

문제가 발생하는 등 장기적으로 성공을 유지해나가는 것이 불가능해진다. 사업의 영속성을 유지하며 직원의 고용을 장기간 안정시키기 위해서는 역시 부가가치를 창출하는 제조 현장을 반드시 사내에 구축하고 제조에 혼신의 힘을 다하는 조직을 만들어야 한다고 나는 생각한다.

아메바 경영에서도 외주를 늘려 자기 부문의 직원을 줄임으로써 시간당 부가가치를 높이는 것은 가능하다. 그러나 그런 경영으로는 결코 영속적으로 사업을 발전시켜나갈 수 없다. 경영이라고 하는 것은 장기적인 관점에 서서 행해야 하는 것으로, 제조업의 경우에는 자기 회사 내부에 중요한 기술을 축적하고 창의적 고안을 거듭해 부가가치를 높여나가야 한다.

제조업에 있어서 아메바 경영은 '모노즈쿠리'의 기본이 되는 모든 기술을 사내에 축적하기 위해 가능한 한 외주를 활용하지 않고, 사내에 부가가치가 높은 일관된 생산라인을 구축해야 할 것이다.

영업과 제조는 함께 발전하는 것

각 아메바가 자신의 채산을 향상시켜나가기 위해서는 영업과 제조가 가능한 한 정보를 교환하고 서로 깊은 커뮤니케이션을 하지 않으면 안 된다. 영업과 제조는 각각 독립채산 조직이기 때문에 각각의 입장만을 주장해 분쟁이 일어나 서로 대립하는 경우가 종종 있다. 그러나 영업도 제조도 같은 회사에 속한 부문이기 때문에 어느 쪽이 성공하고, 또 어느 쪽이 실패해도 좋은 그런 사안이 아니다. 호혜를 통해 양쪽이 다 살아남아야 하는 것이고 이는 회사 전체의 입장에서 보면 당연한 것이다.

영업도 제조도 같은 회사라는 배를 타고 있는 운명공동체이기 때문에 함께 협력하고 발전해나가야 한다. 고객에 대해 서로 연대하고 제품을 공급하고 서비스를 제공하지 않으면 전체적인 고객 만족을 이끌어내는 것이 어렵다.

이 때문에 영업은 경합하는 동종 타사의 경우 어떻게

일하고 있는지, 고객은 어떠한 제품을 요구하고 있는 지, 그 제품에는 어떤 용도가 있으며 또 어떠한 사회적 의의가 있는지 등 정확한 시장 정보를 제조 부문에 전 달해야 한다. 제조 부문 역시 영업 부문을 통해 시장 동 향과 수주 상황 등을 확인함과 동시에, 자기 기술 수준 을 동종 타사와 비교해 보다 매력적인 제품을 경쟁력 있는 가격으로 시장에 내놓을 의지를 갖췄다는 것을 영 업 부문에 제대로 전달해야 한다.

이와 같은 영업과 제조 간 연대와 협력이 자주적으 로 또 상호 밀접하게 이뤄질 수 있게 되면, 영업과 제조 의 채산은 함께 향상되고 이는 회사 전체의 발전으로 이어지게 된다. 그래서 제조와 영업은 서로 절차탁마切磋琢磨하면서 배려하는 마음으로 협력해나가야 할 필요 가 있다.

늘 창조적인 일을 하라

직장 안에서 부여받은 일을 최선을 다해 감당하는 것은

당연히 중요한 것이다. 그러나 조직의 자주성을 중시하는 아메바 경영에서는 그것만으로는 충분하지 않다. 월말에 한 달 동안의 업무를 돌이켜보며 '지금까지의 방식으로 괜찮은 걸까?'라는 물음과 함께 늘 보다 좋은 방식을 추구해나가야 한다. 어제보다는 오늘, 오늘보다는 내일이라는 생각으로, 주어진 일의 개선과 개량을 끊임없이 추구해나가는 것이 아메바 경영의 기본이다.

교세라의 제품개발 역사가 바로 그것을 잘 설명해준다. 창업 당시 교세라는 브라운관의 절연재료인 'U자 켈시마'를 만들어 당시 일본 최대 기업 마쓰시타전기공업에만 납품을 했었다. 그 후 지금 생산하고 있는 절연부품을 도시바와 히타치제작소와 같은 다른 업체에도 팔고 싶다는 생각으로 신규 고객을 착실히 개척했다. 또 브라운관은 진공관의 일종이기 때문에 진공관 생산에 필요한 특수 절연재료로도 쓰일 수 있다고 판단해 신제품을 개발했다.

시간이 좀 더 흐른 뒤엔 파인세라믹을 활용할 수 있는 것은 비단 전자 분야뿐만이 아니라는 판단을 하게 되었다. 그래서 산업기계용 부품 시장도 개척했다. 그런 과정을 거쳐 드디어 미국 시장을 개척했던 시기에는 트랜지스터 헤더를 세라믹스로 제조할 수 있는 단계에까지 올라설 수 있었다. 그 후 얼마 되지 않아 그 트랜지스터도 IC로 대체됐는데, 그때 교세라는 이미 세라믹IC 패키지를 개발하는 데 성공했다.

그 후 1980년경에는 무선통신기기를 제조하고 있던 사이버넷공업이라는 회사를 살려낸 적이 있는데, 공장 뿐 아니라 기술자도 포함해 모두 교세라가 인수하게 되었다. 이후 내가 제2전전을 설립해 휴대전화 사업에 착수한 것을 계기로, 교세라에서도 휴대전화 단말기의 개발에 착수해 사이버넷공업 출신 기술자와 함께 휴대전화를 개발했다. 지금은 휴대전화 단말기뿐만 아니라 PHS 단말기와 기지국까지 제조해 이를 교세라 사업의 기둥 자리에 앉힐 정도로 사업을 성장시켜왔다.

이와 마찬가지로 프린터 사업도 작은 규모 사업에서 출발해 교세라만의 아모르파스 실리콘 드럼을 사용한 독창적인 제품, 즉 에코시스Ecosys 프린터를 개발했다. 지금은 이를 계열사인 교세라미타의 복사기 기술과 융합시켜 글로벌 차원의 사업으로 발전시켰다.

이와 같은 교세라의 기술 변천을 맨 처음부터 내다봤던 것은 결코 아니다. 그저 현상에 만족하지 않고 신시장 개척과 신제품 개발을 비롯한 모든 영역에 있어서 강도 높은 창의적 고안을 거듭하며 과감하게 도전했던 것이 지금의 교세라를 만들 수 있었던 배경이라 할 수 있겠다.

사람은 누구든 자신의 전문 기술 범위를 넘는 분야에 진출하는 것을 주저하기 마련이다. 그러나 자기 영역에 갇혀만 있으면 기존 사업만을 고수하게 되어 기술의 진보는 일절 기대할 수 없다. 늘 새로운 것을 창조하고자 하는 강한 의지가 있다면, 설령 전문 지식이 부족하더라도 그 분야의 전문가와 상담하거나 전문 지식을 가지고 있는 사람을 채용하는 등 여러 대응을 펼치면서 기술과 사업의 범위를 넓혀나갈 수 있는 법이다.

언제까지건 지금의 상황에 구속되어 있어서는 안 된다. '늘 창조적으로 일을 하는 것' 이야말로 아메바를 성장시키고 나아가 회사 전체를 발전시킬 수 있는 가장 기본적인 행동 지침이다.

구체적인 목표를 세워라

당연한 것이겠지만 경영에 있어서 구체적인 목표를 세우는 것은 매우 중요하다. 마스터플랜의 경우 경영자로서 달성하고자 하는 매출, 총생산, 경비 등과 같은 채산표의 전 항목에 관한 계획을 매월 세워야 한다.

예를 들어 '현재의 매출을 50% 늘려 더 큰 사업으로 성장시키고 싶다' 라는 식의, 아메바 리더가 달성하고자 하는 월차 매출의 수치를 가장 먼저 제시하고, '이 정도를 팔기 위해서는 이만큼의 경비가 발생할 것이니, 채산은 이 정도 될 것이다' 식으로 계획 수치를 수정해나가야 한다.

시간당 채산표의 실적에 관해서는 경영관리 부문이 집계한 표가 각 아메바에 배포되고 있다. 그러나 마스터플랜 등의 계획을 세울 때는 각 아메바 리더가 매출, 경비, 시간당 채산 등과 관련해 달성하고자 하는 수치를 생각해내 스스로 시간당 채산표를 만들어야 한다.

이 목표 수치는 리더가 달성하고자 하는 목표이며, 리더는 '목표를 반드시 달성한다' 라는 강한 의지를 가져야 할 필요가 있다. 예를 들어 이번 달에 이만큼의 총 생산을 올리는 데 수주가 부족하다면, 제조 부문 아메바의 리더라 할지라도 영업 부문의 아메바와 동행해 주문을 받으러 나가는 등 강한 의지를 가지고 매월의 목표 달성을 위한 구체적인 방책을 구상하고 또 실행해나가야 한다.

그리고 앞에서 언급했듯이 멤버들과 목표를 공유하지 않으면 목표 달성은 불가능하다. 회의나 회식을 통해 "올해 나는 이런 식으로 경영해나가고 싶다. 매출은 이렇게 늘리고 싶다. 경비와 시간은 이 정도 소요될 것이며 시간당 부가가치와 이익률은 이 정도로 향상시키고 싶다. 이를 위해 이만큼 수주를 늘려야 하는데, 나는 영업 부문 아메바와 함께 고객을 방문해 수주를 더 많이 확보할 수 있도록 노력하겠다. 여러분들은 공장을 지켜주길 바란다" 하는 식으로 멤버들의 구체적인 역할과 행동 목표를 명확하게 설정하는 것이 중요하다.

이처럼 아메바 리더는 자신이 달성하고자 하는 1년간의 월차 목표를 시간당 채산표 형태로 나타내서 매출, 경비 등 모든 항목에 관한 목표가 실현될 수 있도록 구체적인 행동까지 잘 생각해내고 멤버들과 함께 과감하게 행동해가는 것이 필요하다.

각 아메바를 강하게 만들라

아메바 경영에서는 회사 조직을 다수의 소조직인 아메바로 분할하고 그 운영을 리더에게 전적으로 맡긴다. 모든 아메바 리더는 자신이 위임받은 사업을 문제없이 운영해 자기 스스로 작성한 계획을 수행함과 동시에 채산을 향상시킬 수 있도록 노력해야 한다.

따라서 교세라에서는 '한 아메바의 채산은 악화되어도 다른 아메바의 채산이 좋다면 문제될 것이 없다'는 식의 사고방식은 일체 용납되지 않는다. 예를 들어 신제법과 신기술에 의해 제품 생산 방식을 전면 재검토해야 하는 경우도, 사업부장은 공정 전체 원가를 줄이는 것은 당연한 일이고 그 전에 각 공정의 아메바 채산이 향상될 수 있도록 유도해야 한다. 만약 한 공정에 신기술을 도입함으로써 제조 부문 전체의 채산이 향상됐다고 하더라도 그 공정의 채산이 악화되는 것은 용납되지 않는다. 그와 같은 사고방식을 용납한다면 도덕적 해이가 발생해 사업부 전체의 채산에도 악영향을 미칠 수 있기 때문이다. 아메바 경영은 각 부문이 경영을 향상시키기 위해 최선을 다해 노력함으로써 회사 전체도 향상시킬 수 있다는 의식을 바탕으로 하고 있다.

따라서 각 부문을 담당하고 있는 리더는 타 부문으로부터의 말도 안 되는 요구에 대해 타협하거나 안일한 행동을 취해서는 안 된다. 설령 사업부장의 요구라 할지라도 불합리한 요구에 대해서는 싸움도 불사할 정도로 대항하는 그런 기백 없이는 경영할 수가 없다. 회사 전체를 생각하면서도 서로 자신의 조직을 지키기 위해 필사적으로 노력하는 것이 중요하다.

'회사 전체를 위해'라는 의식을 가져라

아메바 경영을 적용하다 보면 담당하고 있는 사업 실적을 올리기 위해 리더가 우수한 인재를 자기 부문에 감싸놓는 일이 종종 발생한다. 리더 입장에서 보면 모처럼 자신의 아메바에서 키운 우수한 부하 직원을 "타 부문으로 보내라"는 지시를 받더라도 간단히 승복할 수 없을지 모른다. 그러나 그런 식으로 하면 적재적소의 인재 배치가 불가능해져 회사 전체의 발전을 가로막게 된다. 따라서 리더는 회사 전체의 입장과 관점에서 이기주의를 버리고 우수한 인재를 자기 조직의 틀을 넘어 활동할 수 있게 하는 것이 회사 발전을 위한 길이라는 인식을 가져야 한다.

또 아메바 간 사내 매매 가격을 결정하는 경우 회사 전체를 위해서는 어떤 식으로 가격 책정에 임해야 할 것인지 하는 생각을 먼저 가져야 한다. 예를 들어 기질이 강하고 독단적인 성격의 아메바 리더가 자기 마음대로 불공평한 가격 결정을 단행해버리는 경우가 종종 있다. 나는 그런 사례를 접할 때면 "자네, 왜 본인 생각만 고집하고 상대 생각은 존중하지 않는가? 그런 이기적인 사고와 행동을 보인다면 리더로서 실격이네" 하고 엄격하게 꾸짖었다.

이와 같은 사례가 보여주듯 각 아메바의 성공과 회사

전체의 발전이 상호 모순적이어서는 안 된다. 한 아메바가 아무리 높은 실적을 기록했다 하더라도 회사 전체의 실적이 좋지 않으면 이는 아무런 의미가 없다. 아메바 리더는 자기 부문을 지켜내고 또 발전시켜나가야 한다는 사명감을 가져야 하며, 동시에 자신이 내리는 모든 판단의 근저에 '회사 전체를 위해서는 어떻게 하면 좋을까?' 하는 의식을 가지는 것이 필요하다.

이기주의적인 성향이 강한 리더가 있으면 회사 전체가 곤란해지는 사례가 있다. 미국에서 현지 담당 영업직원을 채용해 영업을 본격적으로 전개하기 시작했을 때의 일이다. 앞에서 언급했듯이 현실적으로 대응이 불가능한 주문을 고객에게 "가능하다"며 받아왔던 관계로, 때로는 약속한 납기에 맞추지 못하는 등의 문제가 발생했다. 이러한 경우 일반적으로 고객에게 조금만 더 기다려 달라는 요청을 하기 위해 영업직원이 고객을 몇 번이나 방문해 머리를 숙여야 한다. 그러나 미국 현지 담당 영업직원 중에는 그런 식으로 하면 자신의 체면이 서지 않는다는 이유로 고객에게 "교세라의 제조는 엉터리"라는 식의 말을 아무렇지도 않게 내뱉은 이가 있었다.

그때 나는 "자네가 말한 것이 사실일지 모르겠으나, 일본에 있는 제조 부문이 시장에서 신용을 얻지 못하게 되면, 회사 전체의 신용도 실추해버리고 마네. 자네 자신의 것도 중요하겠지만, 회사가 비즈니스 기회를 잃어버린다면 아무런 의미가 없는 게 아닌가?" 하고 엄중하게 경고한 적이 있다. 이와 같은 사례가 실제로 있었기 때문에 나는 영업과 제조 부문에 "회사 전체의 일원이라는 의식을 항상 가져주길 바랍니다" 하고 강하게 호소해왔다.

리더는 같은 회사에서 일하는 동지로서 회사 전체의 입장과 관점에서 '인간의 기준에서 무엇이 옳은 것인가'라는 문제의식을 기반으로 판단을 내려야 한다. 자신의 아메바를 지키고 발전시켜야 하는 것이 전제이지만, 동시에 회사 전체의 것을 우선하는 이른바 '이타심'을 가지지 않으면 아메바 경영을 성공시키는 것이 어려워진다.

리더는 선두에 서고, 현장에 의존해선 안 된다

마지막으로 아메바 경영을 실천함에 있어서 빠져선 안 되는 몇 가지 함정에 관해 얘기하고자 한다.

하위의 리더가 성장하면 조직 내에서 보다 윗선에 있는 상위의 리더가 자신이 키운 그 하위 리더에게 각 아메바 운영을 전적으로 맡기고 자신은 뒤로 빠져버리는 경우가 있다. 아메바 경영은 리더는 말할 것도 없고 직원 한 사람 한 사람이 각각의 목표를 자주적으로 달성할 수 있도록 하는 시스템이다. 그래서 단기적으로는 윗선에 있는 사람이 다소 힘을 빼고 있어도 말단 조직이 최선을 다해 받쳐주면 회사가 어떻게든 굴러가는 경우가 있다. 그러나 그와 같은 경우 회사가 발전할 리가 없다.

사장 시절 나는 영업, 개발, 제조 부문에서 문제가 발생하면 직접 진두지휘를 하며 고객과 현장을 뛰어다니며 점검하고 관리했다. 시간적 여유가 조금이라도 생기면 현장을 찾아가 문제를 안고 있는 부문을 방문해 그 해결을 위해 전력을 다했다. 각 아메바 리더에게는 그 경영을 맡기긴 했지만 모든 것을 다 아메바 리더의 책임으로 돌리지는 않았다. 각 아메바가 직면해 있는 문제를 내가 숙지하고 현장에 가서는 그 문제를 해결할 수 있도록 옆에서 도우면서 모두를 격려했다.

나아가 나는 경영자로서 앞으로 회사를 어떻게 성장시켜나갈 것인지를 끊임없이 생각하며 회사 전체에 관한 중대한 결단을 내리는 등 경영자에게 요청되는 보다 고도의 직무도 최선을 다해 감당해왔다.

모두를 위해 중책을 다하는 경영자의 뒷모습을 늘 보았기 때문에 직원들은 회사를 위해 자기 책임을 다하고자 필사적으로 노력한 것이다. 아메바 경영에서는 사업부장 등과 같은 책임이 무거운 리더일수록 선두에 서서 다른 사람보다 더 많은 노력을 하지 않으면 안 된다.

3

리더를
육성하다

경영자 의식을 높이는 방법

아메바 경영이라는 탁월한 경영관리 시스템은 교세라
가 성장해온 요인 중 하나다. 이는 이 책에서 언급했듯
이 사람의 마음을 기본으로 하는 경영 풍토가 조성되어
야 비로소 기능하게 되는 것이다. 어떠한 합리적인 경
영관리 시스템이 있다 하더라도, 그것을 활용하는 리더
와 멤버가 의욕이 없다면 목표를 달성하는 것이 불가능
하다. 훌륭한 채산 제도가 있다고 해서 현장의 채산이
향상되는 것은 아니다. 현장의 멤버가 어떻게든 채산을

향상시켜야 한다는 의지와 열정이 있기 때문에 스스로의 의지로 높은 목표에 도전해 결국 채산을 높일 수 있게 되는 것이다.

아메바 조직을 하나의 생명체로서 잘 이끌어나가려면 그 집단의 리더가 가지고 있는 사고와 행동의 방식이 매우 중요하다. 먼저 리더는 '자신의 조직을 이와 같은 훌륭한 부문으로 만들고 싶다' 라는 꿈을 마음에 품어야 한다. 자기 조직을 이상적인 부문으로 만들겠다는 강한 포부와 의지를 가지고 그 실현을 위해 자기가 가진 모든 에너지를 집단에 쏟아붓는 것이 중요하다.

어떤 회사든 그와 같은 자질의 리더를 충분히 갖춘 조직은 없다. 그러나 충분한 자질을 갖추고 있지 않은 인재라 할지라도 리더로 발탁되어 그 부문을 맡게 되면, 결국 책임감과 사명감을 가지게 된다. 리더는 목표를 향해 가면서 자기 부문을 통솔하기 위해 멤버의 의욕을 이끌어내는 등 다양한 경험을 쌓아나간다. 그리고 멤버의 마음을 사는 능력과 채산을 관리하는 능력 등을 높이면서 성장해나가는 것이다.

그와 동시에 조직의 멤버도 리더와 함께 자기 조직

목표를 달성해가는 과정에서 자연스럽게 경영자 의식을 높여갈 수 있게 된다. 이처럼 아메바 경영은 리더를 육성하고 전 직원의 경영자 의식을 높이는 최고의 교육 시스템이다.

회사에서의 발언을 통해 사고방식을 바꾸다

리더를 육성하는 데는 최고경영자를 비롯한 경영 간부가 각 부문의 경영에 대해 적절한 지도와 평가를 하는 것이 중요한 포인트로 작용한다.

그와 같은 살아 있는 교육의 장으로서 나는 회의를 활용해왔다. 간부회의 등의 경영회의에서는 시간당 채산표를 베이스로 전월의 실적과 당월의 예정을 각 부문의 리더가 발표한다. 이때의 발표 내용과 논의를 통해 그 리더의 사고방식과 일에 대한 자세를 매우 엄격하게 지도함으로써 인재를 육성해왔다.

예를 들어 회의에서 발표를 마친 제조 책임자에게 어느 영업담당자가 "저 제품은 언제 완성됩니까?"라고 질문을 했다. 그랬더니 그 제조 책임자는 "○일을 목표로 하고 있습니다"라고 답변을 했다. 그때 나는 "왜 '○일까지 완성하겠습니다' 라고 대답하지 않는가? '○일을 목표로 하고 있습니다' 라는 대답에는 그때까지 완성하지 못할 경우를 의식하고 있다는 것일세. 그런 도망가는 자세로 납기를 제대로 지킬 수 있겠나? 어떻게든 해내겠다는 결의를 갖고 일을 하지 않으면 뭐든지 제대로 할 수 없는 법이네. 그와 같은 대답을 하는 자네 자신의 마음가짐부터 먼저 고치도록 하게"라며 엄격하게 지도한 적이 있다.

나는 '말' 을 '언령言靈' 으로 본다. 즉 사람들이 내뱉는 말에는 그 사람의 정신 또는 영적인 힘이 깃들어 있다는 것이다. 그래서 말을 들으면 그 사람의 마음과 정신을 자연스럽게 알 수 있다고 생각한다. 특히 리더의 발언은 부문의 멤버들에게도 큰 영향을 미치는 것이다. 그렇기 때문에 나는 리더들의 발언을 자세히 듣고 그 사람의 사고방식과 마음가짐을 고쳐주는 것에 많은 시간을 투자했다.

회의에서는 경영간부가 각 부문의 상황을 정확하게

파악하고 향후 사업을 어떻게 진행해나갈지를 철저하게 논의함과 동시에 리더의 사고방식에 관해 지도하고 또 교육하는 것이 중요하다.

높은 목표를 세우고 매일 전력을 다한다

회사라는 조직에선 낮은 수준의 목표를 세우면 낮은 수준의 결과밖에 얻어내지 못한다. 업적을 크게 향상시켜 나가기 위해서는 어떻게든 높은 목표를 세워야 할 필요가 있다.

교세라가 영세기업이었을 때부터 나는 함께 일하던 동료에게 "먼저 교세라를 이 동네 최고 회사로 만들겠어. 이 동네에서 최고가 되면 교토 서부 최고의 회사로 만들 것이고, 그다음엔 교토에서 최고로 만들겠어. 그리고 교토에서 최고가 되면 일본에서 최고로, 일본에서 최고가 되면 세계 최고의 회사로 만들 거야"라는 장대한 꿈을 늘 밝혔었다. 그 당시 교세라의 현실과는 꽤 동떨어진 무모한 꿈이었지만, 그래도 '언젠가는 세계 최고' 가 될 것이라며 모든 동료에게 항상 자신 있게 말해왔다. 그 결과 모두가 높은 목표를 향해 혼신의 힘을 다했던 것이다.

한편 나는 단기적인 목표로서 마스터플랜과 월간 예정과 같은 구체적인 목표를 달성하는 데 최선을 다해 노력해왔다. "오늘 최선을 다하면 내일이 보인다. 이번 달에 최선을 다해 일에 몰입하면 다음 달이 보인다. 올 한 해를 혼신의 힘을 다해 보내면 내년이 보인다. 매일 전력을 다해 살아가는 것이야말로 가장 중요한 것 아니겠는가"라고 진정으로 호소해왔다. 위대한 사업이라 하는 것은 높은 목표를 가지면서도 하루하루를 전력투구함으로써 성취해낼 수 있는 것이다. 높은 목표를 지향하며 항상 노력을 거듭한 결과가 지금 세계적인 기업으로 발전한 교세라를 만들었다.

아메바 경영을 운영함에 있어서도 리더가 높은 목표를 세워 그것을 실현해내기 위해 오늘 하루를 최선을 다해 노력하는 것이 중요하다. 리더는 모든 가능성을 염두에 두고 상세한 시뮬레이션을 계속해서 돌려 가능한 한 높은 수준의 목표를 설정하면, 이후엔 그 목표를 달성하기 위해 전력을 다해야 한다. 그렇게 하면 각 아메바는 높은 수준의 목표를 향해 힘을 집중할 수 있게 되기 때문에 회사 전체의 업적 역시 확실히 향상된다.

월간 예정과 마스터플랜 등의 목표를 달성하는 과정에는 다양한 문제와 과제가 발생하는 법이다. 리더는 이와 같은 모든 문제들에 대해 절대 굴복하지 않는 강고한 의지와 누구에게도 지지 않는 노력을 통해 이를 잘 극복해나가지 않으면 안 된다. 그러한 시련을 반복해서 경험해가면 리더는 경영자에 걸맞는 능력과 사고방식 그리고 마음가짐을 자신의 몸에 자연스럽게 지닐 수 있게 되는 것이다.

높은 수준의 목표를 향해 가면서 집단을 바르게 유도하기 위해 리더는 어떻게 행동을 해야 하는지, 어떻게 판단해야 하는지 등 경영자로서의 올바른 자세를 끊임없이 추구해야 한다. 그러한 노력을 반복해나갈 때 리더는 인간으로서 보다 크게 성장하게 되고 멤버들로부터 신뢰와 존경을 받게 되는 것이다.

사업의 의의와 판단 기준을 공유한다

교세라에는 제조 부문만 보더라도 매우 다양한 아메바가 활동하고 있다. 그중에서 화형花形 제품을 취급해 아주 좋은 실적을 올리고 있는 아메바도 있고, 또 기존 상품을 오랜 기간 동안 잘 지켜온 아메바도, 또 신규 사업을 전개하고자 하는 아메바도 있다. 각각의 아메바를 둘러싼 환경은 다 다르지만, 어떠한 아메바이건 자기 부문의 사업을 확대해나가기 위해서는 먼저 그 사업의 목적과 의의가 명확하게 설정되어 있어야 한다.

리더 자신에게 있어서도 그렇지만, 집단이 마음을 하나로 모으고 사업에 매진하기 위해서는 어떻게든 사업의 '대의명분'을 갖는 것이 필요하다. 그 사업이 이 세상에서 어떤 의의를 갖는지 그리고 어떻게 공헌할 수 있는지 하는 식의 차원 높은 목적이 반드시 필요하다.

앞에서 여러 번 언급했듯이 교세라 경영이념은 '전 직원의 물심양면의 행복을 추구함과 동시에 인류와 사회의 진보 및 발전에 공헌하는 것'이다. 여기서 '전 직원'에는 직원뿐만 아니라 경영자인 나도 그 한 사람으

로서 포함되어 있다. 경영진도 사원도 다 포함한 회사
에 소속된 모든 사람들의 행복을 추구하는 것이다. 그
리고 기술과 사업을 통해 인류사회 발전에 공헌하자는
의미에서 '인류와 사회의 진보 및 발전에 공헌한다' 는
말을 경영이념에 추가했다.

이 경영이념은 교세라 창업 당시 경영자로서 아무런
경험도 없던 내가 정한 아주 초보적인 것이었지만, 교
세라에 모인 모든 사람들이 행복해질 수 있도록 하는
마음에서 만든 것이었고, 또 동시에 사업을 통해 인류
사회 발전에도 공헌하고자 하는 경영 목적을 내건 것이
었다. 경영이념, 즉 회사의 목적이라 하는 것은 이와 같
이 대의명분을 실은 것이어야 하고, 또 직원과 고객 그
리고 협력 회사 등 모든 관계자의 공감을 얻을 수 있는
것이어야 한다.

따라서 최고경영자는 '왜 이 사업을 하는가' 로 표현
되는 사업 의의와 목적을 명확하게 인식하고 그것을 각
부문 리더에게 평소 충분히 전달해야 한다. 각 부문의
리더들이 이를 완전히 자기 것으로 만들 때까지 진심으
로 전달해야 한다. 나아가 각 아메바 역시 그 의의와 목

적을 자신이 맡고 있는 사업에 적용하면서 이를 열정적으로 멤버들에게 강조해 그 사업 의의를 멤버들의 뼛속에까지 녹아들 수 있도록 해야 한다. 그렇게 해야만 비로소 직원들은 마음을 하나로 뭉쳐 자신의 업무에 제대로 임할 수 있게 되는 것이다.

또 경영이란 평소의 판단이 집적된 것이며 그 결과가 실적이 되어 나타난다. 따라서 리더는 특히 올바르고 정확한 판단을 할 것을 요청받는데, 이를 위해서는 '인간의 기준에서 무엇이 옳은 것인가?' 라는 보편적인 철학을 가질 수 있도록 평소 노력해야 한다.

리더는 스스로 올바르고 정확한 판단 기준을 몸에 지니면서 그 판단 기준을 멤버와 함께 공유해야 한다. 회의나 현장 등 경영의 모든 국면에 있어서 올바르고 정확한 판단을 내릴 수 있는 방법과 문제 해결 방법을 리더가 지도 및 교육하고, 또 이를 끊임없이 반복하여 멤버들과 철학을 공유하며 경영자로서의 의식을 높여나가는 것이 가장 중요하다.

감사의 글

———

'아메바 경영'은 교세라 그룹에 있어서 없어선 안 되는 경영관리 기법이며 그 어떤 위화감도 없이 전 임직원이 자신의 업무에 활용하고 있다. 그러나 지금껏 그 배경과 토대로 작용해온 경영철학이나 사상, 시스템 전반에 대해 정식으로 문서화한 적은 없었다.

기업 경영의 제일선에서 후퇴하면서 나는 아메바 경영의 진수를 모든 이들에게 전할 수 있는 책을 쓰는 것을 오랜 기간 과제로 여겨왔다. 그래서 분주한 일정 가운데서도 약 5년에 걸쳐 교세라 간부들을 대상으로 직접 아메바 경영을 강의해온 것이다. 그 강의 내용을 담은 것이 바로 이 책이다.

———

그런 내 강의 내용에 교세라 임원 및 간부들의 의견 추가는 아메바 경영을 위한 경영철학 및 경영관리 기법을 체계적으로 편집할 수 있게 된 중요한 배경으로 작용했다. 나는 이 책을 통해 소개한 아메바 경영의 관리회계 시스템이 기업 경영을 위한 회계 분야에서 새로운 경지를 개척해줄 것이라 확신한다.

아메바 경영은 내가 오랜 기간 고민하고 수정하며 끊임없이 생각하며 구축한 독자적 경영관리 기법이며, 교세라가 자랑하는 고수익 경영의 근간을 이루는 것이다. 이 때문에 모든 이들에게 공개해선 안 된다는 의견이 회사 내부에서 제기되기도 했다.

그러나 일본경제신문사의 하타노 미나코 씨가 정말 열정적으로 출판을 권했고, 일본 경제의 발전에 조금이라도 공헌하자는 마음으로 출판을 결심하게 되었다. 하타노 씨의 아메바 경영에 대한 이해와 열의가 없었더라면 이 책은 절대 출판으로 이어지지 못했을 것이다. 또 이 책의 편집과 관련해 이토 코이치 씨에게 큰 신세를 졌다. 두 분께 진심으로 감사드린다.

이 책을 편집하는 과정에서 교세라의 자회사인 KCCS

매니지먼트 컨설팅 주식회사의 모리타 나오유키 사장, 후지이 토시테루 부사장, 마츠이 타츠로 이사, 하라다 타쿠로 이사, 히라이 마사아키 출판부장의 도움을 많이 받았다. 이에 감사드린다. KCCS 매니지먼트 컨설팅 주식회사는 아메바 경영의 컨설팅에 특화한 회사로, 이미 많은 기업의 업적 향상에 크게 기여하는 실적을 올린 바 있다.

또 이 책의 편집 및 각종 자료의 작성과 관련해 교세라 주식회사 오오타 요시히토 집행임원, 미츠타 마사카즈 집행임원, 이시다 히데키 고문, 다카츠 마사노리 교육기획부장, 히모노 쇼이치 경영관리본부 기획부장, 키타니 시게유키 비서실 직원, 코메야마 마코토 집행임원에게도 감사의 뜻을 전하고 싶다.